하고 싶은 영어회화

하고 싶은 영어회화

지은이 버블양(송서영)
펴낸이 임상진
펴낸곳 (주)넥서스

초판 1쇄 발행 2016년 4월 10일
초판 2쇄 발행 2016년 4월 15일

2판 1쇄 인쇄 2017년 6월 30일
2판 1쇄 발행 2017년 7월 5일

출판신고 1992년 4월 3일 제311-2002-2호
10880 경기도 파주시 지목로 5
Tel (02)330-5500 Fax (02)330-5555

ISBN 979-11-6165-037-1 13740

저자와 출판사의 허락 없이 내용의 일부를
인용하거나 발췌하는 것을 금합니다.
저자와의 협의에 따라서 인지는 붙이지 않습니다.

가격은 뒤표지에 있습니다.
잘못 만들어진 책은 구입처에서 바꾸어 드립니다.

| 본 책은 『개나 소나 다 하는 영어』(2016)의 개정판입니다. |

www.nexusbook.com

👀 **하루 10분! 그림으로 보는**

하고 싶은 영어회화

버블양 지음

넥서스

서문

영어, 백번 외우기보단 한 번의 상황이 낫다.

"Let me see" 처음 영국 중학교에 입학한 날, 한국에서 가져온 각종 문구류가 신기했는지 영국 친구가 내 물건을 가져가면서 했던 말이다. 그러면서 물품을 유심히 살펴보길래 직감적으로 알았다. 누군가의 물건을 보고 싶으면 "Let me see"라고 해야 하는구나.

14살 처음 영국에 갔을 때 알고 있는 것은 A-Z 딱 알파벳이 전부였다.

첫 입학 날 배운 "Let me see"를 비롯해서 다른 여러 문장들도 상대방의 표정이나 상황을 보고 통 문장을 그대로 흡수해서 듣고 말할 수 있게 되었다.

그리고 한국에 돌아와서 배운 단어들은 사실 영국에서 배운 만큼이나 오래 기억되지는 않았다. 그만큼 상황 속에서 배운 것들의 기억력은 강했다.

개와 소가 여러분의 영어 기억을 도와드립니다.

오랜 꿈이었던 그림을 그릴 수 있는 기회가 생기면서 누구를, 무엇을 위한 그림을 그려야 할까를 생각하다 어딜 가나 나름의 고민거리이거나 한 번쯤 해보고 싶은 것이 영어라는 것을 알게 되었다.

그리고 그에 비해 비교적 쉽게 영어를 배운 나의 기억이 떠올랐다. 달랐던 것은

딱 하나! 상황 속에서 배웠다는 것이다. 그렇지만 우리의 주변은 슈퍼에 가도, 공원에 가도 한국말만 해도 충분히 살 수 있는 곳이라 상황 속에서 영어를 배우기는 쉽지 않다. 그래서 여러분의 기억력을 돕기 위해 개와 소가 일어났다.

개와 소는 여러분이 영어를 쉽게 기억할 수 있도록 엉뚱 발랄하게 상황을 만들어 낸다. 개와 소가 매일매일 벌이는 에피소드 속에 함께 들어가 영어가 학문이 아닌 언어가 되도록 만들어 보자. Put on your thinking cap(심사숙고 해야 해)이라는 문장을 알려주고 싶으면 개와 소는 스윽 생각의 모자를 집어 든다. 그 단원에서 배워야 할 문장에 재미를 더하기 위해 애쓴 흔적들이 여러분의 영어 기억을 높이는 데 도움이 되기를 소망한다.

Thanks to.

〈하고 싶은 영어회화〉가 나오기까지 함께 응원해 주신 가족, 홍지니어, 소중한 지인분들, 저의 콘텐츠를 발견하고 함께 만들어 주신 넥서스 분들, 낮에는 영어를 가르치고 퇴근 후 그림을 그리는 투잡으로 매일같이 늦은 업로드에도 꾸준히 사랑해 주신 네이버 포스트 팔로워 분들 모두에게 감사의 말을 전하고 싶다.
And most of all, thanks to God for everything!

저자 버블양

이 책의 구성

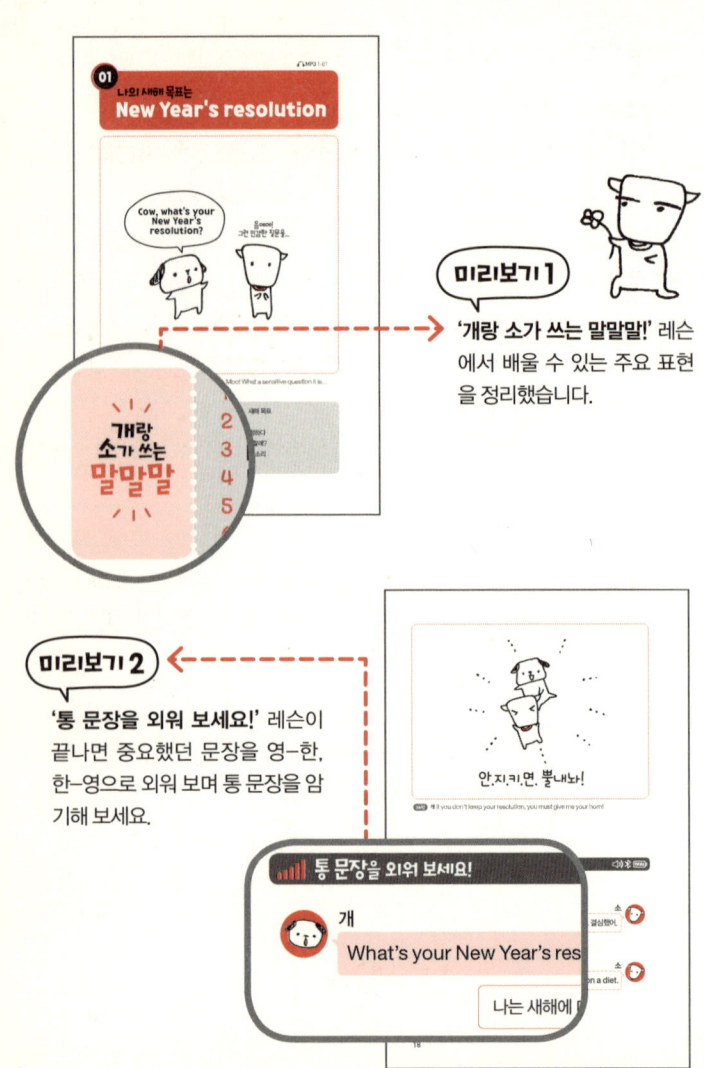

미리보기 1

'개랑 소가 쓰는 말말말!' 레슨에서 배울 수 있는 주요 표현을 정리했습니다.

미리보기 2

'통 문장을 외워 보세요!' 레슨이 끝나면 중요했던 문장을 영-한, 한-영으로 외워 보며 통 문장을 암기해 보세요.

미리보기 3

'말풍선을 채워 주세요!' 개나 소가 되어 영어로 말해 보세요.

미리보기 4

'문장을 만들어 보세요!'를 통해서는 주요 문장을 다시 한번 복습하고, '짝꿍을 찾아 주세요!'를 통해서 표현들을 다시 한번 정리할 수 있도록 했습니다.

미리보기 5

이게 끝이 아닙니다! 각 챕터가 끝나면 Chapter Review를 통해서 레슨별로 중요했던 문장들을 다시 한번 복습할 수 있도록 하여 기억 망각 방지의 이중, 삼중 장치를 해 두었습니다.

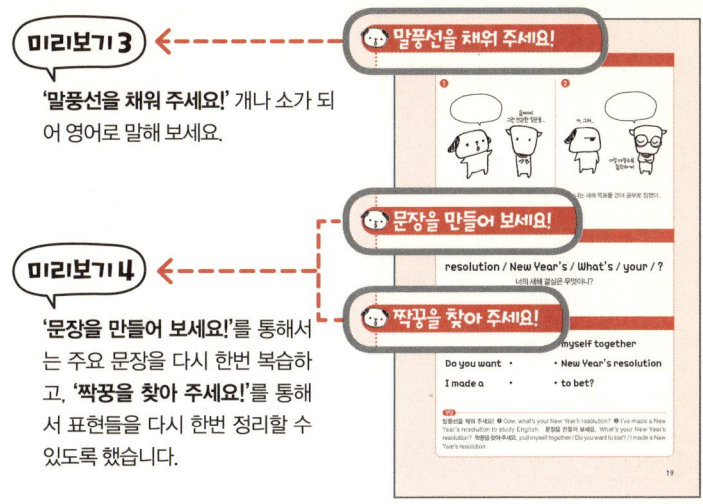

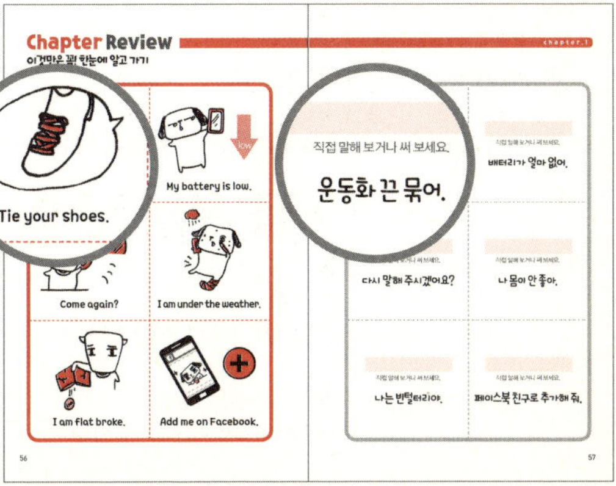

목차

서문 ··· 004
이 책의 구성 ··· 006
등장인물 ··· 012

Chapter 1 매일매일 daily life

01 **New Year's resolution** 나의 새해 목표는 ··· 016
02 **The battery is low** 배터리가 얼마 없어 ··· 020
03 **Come again?** 다시 말해 주시겠어요? ··· 024
04 **Button up** 의복에 관해 ··· 028
05 **Every dog has his day** 속담에 관해 ··· 032
06 **I'm under the weather** 몸이 이상해 ··· 036
07 **Don't jaywalk** 교통 법규를 지켜요 ··· 040
08 **I'm flat broke** 금전에 관해 ··· 044
09 **I did my hair** 미용에 관해 ··· 048
10 **Add me on Facebook** SNS 추가해 줘 ··· 052

Chapter 2 울고웃으며 feelings

01 **I am a little shy** 성격에 관해 ··· 060
02 **I feel ~** 감정에 관해 ··· 064
03 **Let's bury the hatchet** 화해하자 ··· 068
04 **You have no idea** 미각에 관해 ··· 072
05 **I'm all ears** 나 경청해 ··· 076
06 **Go for it** 도전하자 ··· 080
07 **Put on your thinking cap** 심사숙고해 ··· 084
08 **I'm looking forward to** 기대돼 ··· 088
09 **I appreciate it** 진짜 고마워 ··· 092
10 **Why the long face?** 기분이 별로야? ··· 096

Chapter 3 놀고 play

01 **Let's make a toast** 건배하자 ··· 104
02 **Act your age** 나잇값 좀 해 ··· 108
03 **Anything to declare?** 공항에서 ··· 112
04 **Where can I wash up?** 화장실이 어디죠? ··· 116
05 **That's typical around here** 여기서는 흔한 일이야 ··· 120

06 **The World Cup** 월드컵엔 이런 말 … 124

07 **Care to?** 놀러 올래? … 128

08 **Let's meet up** 밥 한번 먹자 … 132

09 **I joined a gym** 헬스 등록했어 … 136

10 **Take up a hobby** 취미를 가져요 … 140

Chapter 4 일하고 work/school

01 **I second that** 나도 찬성해 … 148

02 **Exactly 6 o'clock** 칼퇴할게요 … 152

03 **Come up with** 회의실에서는 … 156

04 **You have a quick wit** 눈치가 빠르군 … 160

05 **Can you do me a favor?** 부탁 좀 들어줄래요? … 164

06 **Don't beat yourself up** 자책하지마 … 168

07 **You deserve it** 그럴 자격 있어 … 172

08 **He's a golden boy** 엄친아야 … 176

09 **Behave yourself** 유치원에서는 … 180

10 **I'm exhausted** 예술가들은 … 184

Chapter 5 사랑해요 love

01 **What a coincidence** 우연의 일치 … 192

02 **I'm on cloud nine** 너무 기분 좋아 … 196

03 **Will you go out with me?** 나랑 사귀어 줄래? … 200

04 **Name it** 말만 해 … 204

05 **Don't play dumb** 시치미 떼지 마 … 208

06 **I broke up with** 헤어졌어 … 212

07 **We hit it off** 우린 참 잘 맞아 … 216

08 **Tell her I said hi~** 안부 전해 줘 … 220

09 **What friends are for** 친구 좋다는 게 뭐야 … 224

10 **It runs in the family** 가족 내력이에요 … 228

등장인물

개의 가족들

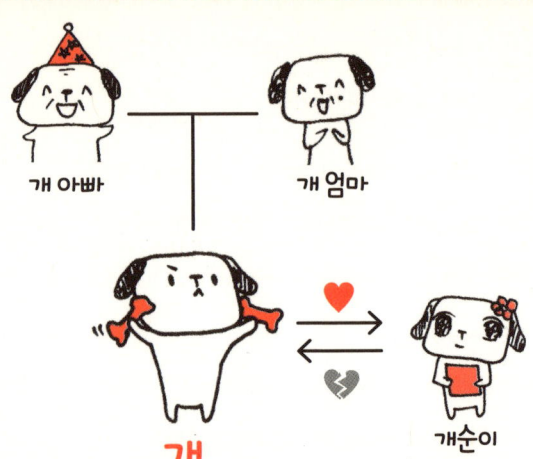

소의 가족들

친한 친구들

토끼   곰   토순이   돼순이

학교 사람들

고양이 교수님   소 선생님

회사 사람들

불독 부장님   고양이

그 외 등장인물

양   사자   너구리

두더쥐   호랑이   기자   물고기   다람쥐

  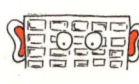 

코뿔소   하마   물소   벽   눈물

01 **New Year's resolution** 나의 새해 목표는
02 **The battery is low** 배터리가 얼마 없어
03 **Come again?** 다시 말해 주시겠어요?
04 **Button up** 의복에 관해
05 **Every dog has his day** 속담에 관해
06 **I'm under the weather** 몸이 이상해
07 **Don't jaywalk** 교통 법규를 지켜요
08 **I'm flat broke** 금전에 관해
09 **I did my hair** 미용에 관해
10 **Add me on Facebook** SNS 추가해 줘

01 나의 새해 목표는
New Year's resolution

해석 개 소야, 너는 새해 목표가 뭐야? 소 Moo! What a sensitive question it is...

개랑 소가 쓰는 말말말

1. New Year's resolution 새해 목표
2. sensitive (주제 등이) 민감한
3. pull oneself together 진정하다
4. Do you want to bet? 내기 할래?
5. nonsense 터무니없는 말, 허튼소리
6. keep (특정 상태를) 유지하다

해설 소 나는 새해 목표를 영어 공부로 정했어.
I need to pull myself together in this kind of situation!

해설 개 내기 할래? 소 You're talking nonsense.

해석 개 If you don't keep your resolution, you must give me your horn!

통 문장을 외워 보세요!

개: What's your New Year's resolution?

소: 나는 새해에 다이어트 하기로 결심했어.

개: 너의 새해 목표는 무엇이니?

소: I made a New Year's resolution to go on a diet.

말풍선을 채워 주세요!

개 소야, 너는 새해 목표가 뭐야?

소 나는 새해 목표를 영어 공부로 정했어.

문장을 만들어 보세요!

resolution / New Year's / What's / your / ?

너의 새해 목표는 무엇이니?

짝꿍을 찾아 주세요!

pull   •   • myself together

Do you want   •   • New Year's resolution

I made a   •   • to bet?

정답

말풍선을 채워 주세요! ❶ Cow, what's your New Year's resolution? ❷ I've made a New Year's resolution to study English. 문장을 만들어 보세요! What's your New Year's resolution? 짝꿍을 찾아 주세요! pull myself together / Do you want to bet? / I made a New Year's resolution.

02
배터리가 얼마 없어
The battery is low

더운 여름엔 집이 최고지!

소한테 빌려온 만화책

해석 개 There's no place like home on a hot day!

개랑 소가 쓰는 말말말

1. There's no place like home. 집만 한 곳이 없다.
2. My battery is low. 배터리가 얼마 없다.
3. The connection is bad. 연결 상태가 안 좋다.
4. hold on (전화를) 끊지 않고 기다리다
5. I can't stand it any longer. 더 이상은 못 참겠다.

해석 개 Oh! Today is the day I must return these comic books!

해석 개 오! 소야! 배터리가 얼마 없어. 연결 상태가 안 좋네. What~? 잠깐 끊지 말고 기다려 줄래?

해석 소 더 이상은 못 참겠어!
개 Oh... Well... How long have you been waiting there...?

통 문장을 외워 보세요!

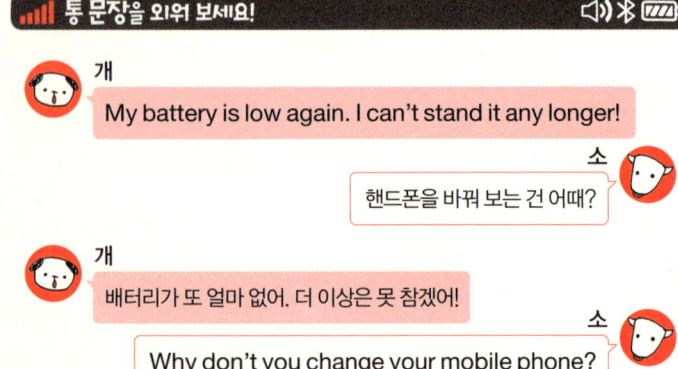

개
My battery is low again. I can't stand it any longer!

소
핸드폰을 바꿔 보는 건 어때?

개
배터리가 또 얼마 없어. 더 이상은 못 참겠어!

소
Why don't you change your mobile phone?

말풍선을 채워 주세요!

개 오! 소야! 배터리가 얼마 없어.

소 더 이상은 못 참겠어!

문장을 만들어 보세요!

is / low / battery / My

배터리가 얼마 없다.

짝꿍을 찾아 주세요!

I can't stand　　　•　　　　• is bad

My battery is　　　•　　　　• it any longer

The connection　　•　　　　• low

정답

말풍선을 채워 주세요! ❶ Oh! Cow! My battery is low. ❷ I can't stand it any longer!　문장을 만들어 보세요! My battery is low.　짝꿍을 찾아 주세요! I can't stand it any longer. / My battery is low. / The connection is bad.

03
다시 말해 주시겠어요?
Come again?

해석 소 엄마 Cow, 방 청소 좀 해라!   소 I don't want to...

1. clean up 청소하다
2. Come again? 다시 말씀해 주시겠어요?
3. pretend not to hear 안 들리는 체하다
4. Pardon? 다시 말씀해 주시겠어요?
5. allowance 용돈
6. take it back (말을) 취소하다

해석 소 다시 말해 주시겠어요~? I may pretend not to hear.

해석 소 Oh, this time, I can't really hear. 뭐라고요...? 다시 말씀해 주시겠어요...?

해석 소 엄마 I told you I would have raised your allowance but you didn't answer me so I will take it back.
소 No! 잘 들려요!!!

📶 통 문장을 외워 보세요!

개
Take it back!

소
다시 말해 줄래?

개
그 말 취소해!

소
Come again?

말풍선을 채워 주세요!

소 엄마 소야, 방 청소 좀 해라!

소 다시 말해 주시겠어요~?

문장을 만들어 보세요!

pretend / I / to / hear / not
안 들리는 체하다.

짝꿍을 찾아 주세요!

Come   •   • it back

pretend   •   • not to hear

Take   •   • again?

정답
말풍선을 채워 주세요! ❶ Cow, clean up your room! ❷ Come again~? 문장을 만들어 보세요!
I pretend not to hear. 짝꿍을 찾아 주세요! Come again? / pretend not to hear / Take it back.

04

의복에 관해
Button up

해석 개 I am nervous about the interview for the internship!

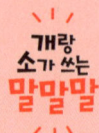
개랑 소가 쓰는 **말말말**

1. nervous 불안해하는
2. I feel like a fish out of water.
   (새로운 환경 등이) 어색하다, 불편하다.
3. button up 단추를 잠그다
4. zip up 지퍼를 잠그다
5. tie one's shoes 신발 끈을 매다
6. Keep your chin up! 기운 내!, 힘내!
7. Keep it up! 힘내!
8. Cheer up! 파이팅!, 힘내!

해석 **물고기** 나 지금 매우 어색하고 불편해.   **개** 응, 그래 보여.

해석 **개** 단추 잠그고! 지퍼 올리고! 신발 끈 묶고!

해석 물고기 기운 내! 힘내! 기죽지 마! 파이팅!   개 Is that encouragement...?

통 문장을 외워 보세요!

개
I feel like a fish out of water.

소
힘내!

개
나 너무 어색해.

소
Keep your chin up!

말풍선을 채워 주세요!

❶
물고기 나 지금 매우 어색하고 불편해.

❷ 마지막으로 복장.점.검!
개 단추 잠그고! 지퍼 올리고! 신발 끈 묶고!

문장을 만들어 보세요!

your / Tie / shoes
신발 끈 묶어라.

짝꿍을 찾아 주세요!

Keep your • • up

Tie • • your shoes

Button • • chin up

정답

말풍선을 채워 주세요! ❶ I feel like a fish out of water. ❷ Button up! / Zip up! / Tie my shoes!
문장을 만들어 보세요! Tie your shoes. 짝꿍을 찾아 주세요! Keep your chin up. / Tie your shoes. / Button up.

05 속담에 관해
Every dog has his day

> Would you please fix me up with 소순이?

I have bigger fish to fry...

같은 동네라며...

해석 소 소순이와 소개팅 좀 해줄래? You live in the same part of town...
개 내 코가 석 자인데...

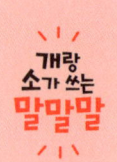

1. fix somebody up ~에게 소개팅을 주선하다
2. I have bigger fish to fry. 코가 석 자다.. 더 중요한 일이 있다.
3. She's out of your league. 그녀는 네가 넘볼 상대가 아니다.
4. Well begun is half done. 시작이 반이다.
5. Every Jack has his Jill. 짚신도 짝이 있다.
6. Every dog has his day. 쥐구멍에도 볕 들 날이 있다.
7. Rome wasn't built in a day. 로마는 하루아침에 이루어지지 않았다.

해석 개 미안하지만 네가 넘볼 여자는 아닌데. 소 아니야! 시작이 반이랬어.

해석 개 짚신도 짝이 있다고 하니 뭐. 쥐구멍에도 볕 들 날이 있고! 밑져야 본전이지. 전화해 볼게.

해석 개 She refused to go on a blind date.
소 아니야! 다시 물어봐 줘! 로마는 하루아침에 이루어진 게 아니야!

통 문장을 외워 보세요!

개
Can you help me? Well begun is half done!

소
내 코가 석 자야.

개
나 좀 도와줄래? 시작이 반이라잖아!

소
I have bigger fish to fry.

말풍선을 채워 주세요!

소 소순이와 소개팅 좀 해줄래?

개 짚신도 짝이 있다고 하니 뭐. 쥐구멍에도 볕 들 날이 있고!

문장을 만들어 보세요!

dog / Every / his / has / day

쥐구멍에도 볕 들 날이 있다.

짝꿍을 찾아 주세요!

Well begun   •   • his Jill

Every Jack has   •   • is half done

Rome wasn't   •   • built in a day

정답
말풍선을 채워 주세요! ❶ Would you please fix me up with Ms. Cow? ❷ Every Jack has his Jill. / Every dog has his day! 문장을 만들어 보세요! Every dog has his day. 짝꿍을 찾아 주세요! Well begun is half done. / Every Jack has his Jill. / Rome wasn't built in a day.

06 몸이 이상해
I'm under the weather

> 오늘 시험인데 지금 일어났어!

일어나~

해석 개 I have an exam today, but I just woke up!

개랑 소가 쓰는 **말말말**

1. I am under the weather. 컨디션이 안 좋다.
2. have an eye problem 눈병에 걸리다
3. have chicken pox 수두에 걸리다
4. wear a cast 깁스를 하다
5. get food poisoning 식중독에 걸리다
6. Get well soon. 쾌유를 빌어.

해석 개 Cow, I can't go to school because I am sick...
소 무슨 일 있어?

해석 개 나 컨디션이 안 좋아. 눈병 걸렸어. 수두 걸렸어. 깁스 했어. 식중독 걸렸어.

해석 소 쾌유를 빌어. Professor said we would have an exam next semester. Instead, he's going to treat us today. Bye~
개 What???

통 문장을 외워 보세요!

개
I got food poisoning.

소
쾌유를 빌어.

개
식중독 걸렸어.

소
Get well soon.

말풍선을 채워 주세요!

1

개 나 컨디션이 안 좋아.

2

소 쾌유를 빌어.

문장을 만들어 보세요!

I / under / weather / am / the

컨디션이 안 좋다.

짝꿍을 찾아 주세요!

Get well   •   • the weather

I am under   •   • chicken pox

I have   •   • soon

정답

말풍선을 채워 주세요! ❶ I am under the weather. ❷ Get well soon. 문장을 만들어 보세요! I am under the weather. 짝꿍을 찾아 주세요! Get well soon. / I am under the weather. / I have chicken pox.

07 교통 법규를 지켜요
Don't jaywalk

해석 소 나 태워 줄 수 있어? Nice timing! I was going to the supermarket. 개 야 타!

개랑 소가 쓰는 말말말

1. give (somebody) a ride (~를) 태워 주다
2. Hop on. (차에) 타.
3. Pull over here. (차를) 여기에 세워 주세요.
4. jaywalk 무단횡단하다

해석 소 여기에 세워 줘.

해석 개 무단횡단하지 마. 소 No! The traffic light has changed!

해석 소 I left my money in his car!   개 I thought that was the taxi fare.

통 문장을 외워 보세요!

개 Can you give me a ride?

소 타!

개 나 태워 줄 수 있어?

소 Hop on!

말풍선을 채워 주세요!

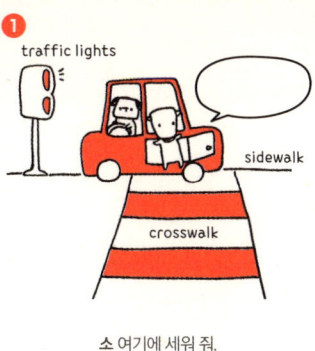

소 여기에 세워 줘.

개 무단횡단하지 마.

문장을 만들어 보세요!

here / Pull / over

차를 여기에 세워 주세요.

짝꿍을 찾아 주세요!

Hop • • on!

Can you • • over here

Pull • • give me a ride?

정답
말풍선을 채워 주세요! ❶ Pull over here please. ❷ Don't jaywalk. 문장을 만들어 보세요! Pull over here. 짝꿍을 찾아 주세요! Hop on! / Can you give me a ride? / Pull over here.

08 금전에 관해
I'm flat broke

해석 **토끼** 왜 이렇게 풀이 죽어 있어?
소 나는 돈이 한 푼도 없어.
I left my money in Dog's car... I can't go to the supermarket...
살 여유가 없어!

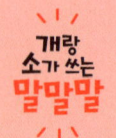
개랑 소가 쓰는 말말말

1. **flat broke** 파산 상태인, 무일푼의
2. **I can't afford it.** 형편이 안 돼.
3. **It's on me.** 내가 쏠게.
4. **pick up the tab** 한턱 쏘다, 지불하다
5. **drink like a fish** 술고래처럼 마시다

해석 **토끼** 힘내! 내가 한잔 살게!   **소** 진짜~?

해석 **소** 이 은혜는 평생 잊지 못할 거야.   **토끼** 그래! 내가 살게.

해석 개 내가 쏜다! 난 돈이 있다고!
토끼 술고래인데!
소 How dare you use my money!!!

통 문장을 외워 보세요!

개
I am flat broke.

소
나는 이유를 알지. 너 술고래잖아!

개
나는 돈이 한 푼도 없어.

소
I know the reason. You drink like a fish!

말풍선을 채워 주세요!

소 나는 돈이 한 푼도 없어.

개 내가 쏜다! 난 돈이 있다고!

문장을 만들어 보세요!

pick / tab / up / will / I / the

내가 계산할게.

짝꿍을 찾아 주세요!

I can't •   • up the tab

I'll pick •   • afford it

It's •   • on me

말풍선을 채워 주세요! ❶ I'm flat broke. ❷ I'll pick up the tab! I have money! 문장을 만들어 보세요! I will pick up the tab. 짝꿍을 찾아 주세요! I can't afford it. / I'll pick up the tab. / It's on me.

09 미용에 관해
I did my hair

해석 개 나 머리했어. 머리 자르고 파마했어. 소 나는 노란색으로 염색했어.

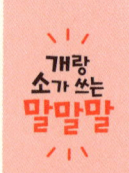
개랑 소가 쓰는 **말말말**

1. I did my hair. 나 머리했어.
2. I dyed my hair. 나 머리 염색했어.
3. feel like -ing ～하고 싶다
4. Look who's talking. 사돈 남 말 한다.
5. make fun of somebody/something ～을 놀리다
6. compare apples and oranges
   도토리 키 재기다, 비슷하다

해설 개 I did nothing but laugh... 소 울고 싶다...

해설 개 You look more ridiculous than me. 소 사돈 남 말 하는군! 그만 좀 놀려!

해석 개/소 이건 도토리 키 재기야. Let's do our hair again.

통 문장을 외워 보세요!

개
I did my hair.

소
너 짧은 머리가 잘 어울린다.

개
머리했어.

소
You look nice with short hair.

말풍선을 채워 주세요!

개 나 머리했어. 머리 자르고 파마했어.

소 사돈 남 말 하는군!

문장을 만들어 보세요!

dyed / I / yellow / my / hair
노란색으로 염색했다.

짝꿍을 찾아 주세요!

I dyed   •   • apples and oranges

I feel   •   • like crying

compare   •   • my hair

정답

말풍선을 채워 주세요! ❶ I did my hair. I got a haircut and a perm. ❷ Look who's talking!
문장을 만들어 보세요! I dyed my hair yellow. 짝꿍을 찾아 주세요! I dyed my hair. / I feel like crying. / compare apples and oranges

10
SNS 추가해 줘
Add me on Facebook

해석 소 너 페이스북 해?   개 응!

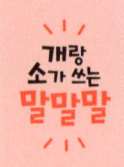
개랑 소가 쓰는 말말말

1. Do you use Facebook? 페이스북 해?
2. add someone on Facebook
   ~를 페이스북 친구로 추가하다
3. I'm not on Facebook. 나는 페이스북 안 해.
4. fool 속이다, 기만하다
5. selfie 셀카

해석 소 나 페이스북 친구로 추가해 줘.   개 그래.

해석 개 I added you on Facebook. 나는 셀카가 좋아!

해석 **소** 너 페이스북에 없는데. 셀카에 속지 마세요...
개 Why? What's wrong?

통 문장을 외워 보세요!

개
Add me on Facebook please.

소
나 페이스북 사용 안 해.

개
친구 추가해 줘.

소
I'm not on Facebook.

말풍선을 채워 주세요!

소 너 페이스북 해?

소 나 페북 친구로 추가해 줘.

문장을 만들어 보세요!

me / Add / Facebook / on

페이스북 친구로 추가해 줘.

짝꿍을 찾아 주세요!

Do you   •   • on Facebook

I'm not   •   • selfie fool you

Don't let the   •   • use Facebook?

정답

말풍선을 채워 주세요! ❶ Do you use Facebook? ❷ Add me on Facebook. 문장을 만들어 보세요! Add me on Facebook. 짝꿍을 찾아 주세요! Do you use Facebook? / I'm not on Facebook. / Don't let the selfie fool you.

Chapter Review
이것만은 꼭! 한눈에 알고 가기

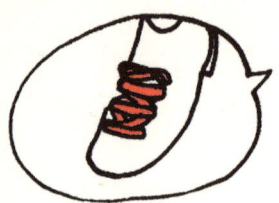
Tie your shoes.

My battery is low.

Come again?

I am under the weather.

I am flat broke.

Add me on Facebook.

직접 말해 보거나 써 보세요.	직접 말해 보거나 써 보세요.
신발 끈 묶어.	**배터리가 얼마 없어.**
직접 말해 보거나 써 보세요.	직접 말해 보거나 써 보세요.
다시 말해 주시겠어요?	**나 컨디션이 안 좋아.**
직접 말해 보거나 써 보세요.	직접 말해 보거나 써 보세요.
나는 돈이 한 푼도 없어.	**페이스북 친구로 추가해 줘.**

01 **I am a little shy** 성격에 관해
02 **I feel ~** 감정에 관해
03 **Let's bury the hatchet** 화해하자
04 **You have no idea** 미각에 관해
05 **I'm all ears** 나 경청해
06 **Go for it** 도전하자
07 **Put on your thinking cap** 심사숙고해
08 **I'm looking forward to** 기대돼
09 **I appreciate it** 진짜 고마워
10 **Why the long face?** 기분이 별로야?

울고 웃으며
feelings

01
성격에 관해
I am a little shy

> 우와! 이게 얼마 만의 유치원 졸업 사진이야?

해석 개 Wow! How long ago was this kindergarten graduation photo?

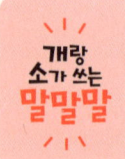
개랑 소가 쓰는 말말말

1. camera shy 사진 찍히기 싫어하는
2. noisy 시끄러운
3. nosy 오지랖 넓은
4. wishy washy 우유부단한

해석 개 Cow, why did you hide behind me?
소 그때 난 사진 찍히는 걸 안 좋아했어.

해석 개 토끼는 어릴 때도 시끄럽고 오지랖이 넓었어.   소 곰은 우유부단했지.

해석 개 Ha Ha! I am such a bright person. Look at my pose!
소 You look more frightened than bright...?

통 문장을 외워 보세요!

개
Is he camera shy?

소
그런 것까지 물어보고 오지랖이 넓구나.

개
그는 사진 찍히는 거 싫어해?

소
You are too nosy for asking that.

말풍선을 채워 주세요!

소, 너는 왜 내 뒤에 숨었어?

소 그때 난 사진 찍히는 걸 안 좋아했어.

The Bear was a wishy washy person.

개 토끼는 어릴 때도 시끄럽고 오지랖이 넓었어.

문장을 만들어 보세요!

am / I / camera / shy

나는 사진 찍히는 걸 안 좋아해.

짝꿍을 찾아 주세요!

He is　　　　　　•　　　　　　• washy

I am camera　　•　　　　　　• nosy

You are whishy　•　　　　　　• shy

정답

말풍선을 채워 주세요! ❶ I was camera shy at that time. ❷ The Rabbit was noisy and nosy when he was young.　**문장을 만들어 보세요!** I am camera shy.　**짝꿍을 찾아 주세요!** He is nosy. / I am camera shy. / You are whishy washy.

02

감정에 관해
I feel ~

해석 개 I'm really excited about the first class of the university!
곰 I'm Bear! Have we met before?   소 Hello?   토끼 I'm Rabbit.

개랑 소가 쓰는 말말말

1. embarrassed 창피한, 당황스러운
2. feel heavy 몸이 찌뿌둥하다
3. feel dizzy 어지럽다
4. feel bad for you 안타깝다
5. feel sorry for you 안타깝다
6. It doesn't feel right. 찜찜하다.

해석 개 나 너무 창피해! No... my first impression...

해석 개 몸이 찌뿌둥해. 어지러워.   곰 안됐다.   토끼 마음이 아프다.

해석 개 뭔가 찜찜한 기분이 들어.

통 문장을 외워 보세요!

개
I'm embarrassed because I fell down.

소
안타깝네.

개
나 넘어져서 너무 창피해.

소
I feel sorry for you.

말풍선을 채워 주세요!

개 몸이 찌뿌둥해. 어지러워.

개 뭔가 찜찜한 기분이 들어.

문장을 만들어 보세요!

feel / I / for / bad / you

안타깝다.

짝꿍을 찾아 주세요!

I feel   •   • embarrassed

I am   •   • feel right

It doesn't   •   • dizzy

정답

말풍선을 채워 주세요! ❶ I feel heavy. / I feel dizzy. ❷ It doesn't feel right. 문장을 만들어 보세요! I am embarrassed. 짝꿍을 찾아 주세요! I feel dizzy. / I am embarrassed. / It doesn't feel right.

03
화해하자
Let's bury the hatchet

해석 소 Is this the result of my studying? I shouldn't have studied...
개 Isn't it a gun? What are you going to do with it?

개랑 소가 쓰는 말말말

1. take something back (자기가 한 말을) 취소하다
2. Go easy on me. 나 좀 살살 다뤄 줘.
3. My apologies. 사과할게.
4. Let's bury the hatchet. 화해하자.
5. Apology accepted. 사과 받아 줄게.
6. Don't bring up the past. 과거를 들추지 마.
7. Let bygones be bygones. 지나간 일은 지나간 것이다.

해석 소 그 말 취소해! 나 좀 살살 다뤄 줄래!

해석 개 사과할게. 화해하자.   소 사과 받아 줄게.

해석 개 But you did it last time too!   소 과거를 들추지 마! 지나간 일은 지나간 거야.

통 문장을 외워 보세요!

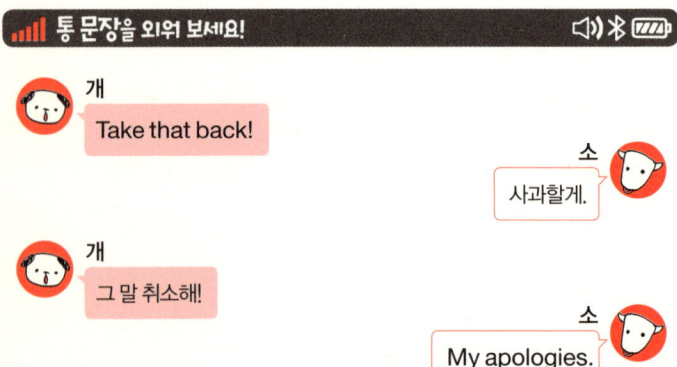

개
Take that back!

소
사과할게.

개
그 말 취소해!

소
My apologies.

말풍선을 채워 주세요!

소 그 말 취소해! 나 좀 살살 다뤄줄래!

개 사과할게, 화해하자.

문장을 만들어 보세요!

bring / Don't / up / past / the

과거를 들추지 마.

짝꿍을 찾아 주세요!

Go easy   •   • accepted

Apology   •   • on me

Let's bury   •   • the hatchet

정답

말풍선을 채워 주세요! ❶ Take that back! Go easy on me! ❷ My apologies. Let's bury the hatchet. 문장을 만들어 보세요! Don't bring up the past. 짝꿍을 찾아 주세요! Go easy on me. / Apology accepted. / Let's bury the hatchet.

04
미각에 관해
You have no idea

> 소순아, 널 위해 만든 천만 겹 롤케이크야.

어머!

해석 소 I made a ten-million-layer roll cake for you.

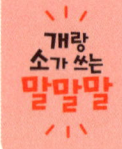
개랑 소가 쓰는 **말말말**

1. try 시식하다
2. enough to make a cat speak 상당히 맛있는
3. You have no idea. 상상도 못할 것이다.
4. have feelings for someone ~에게 관심이 생기다

해석 **소순이** Let me try... 상당히 맛있어!!!

해석 **소** 어때?   **소순이** 상상도 못할 거야!

해석 소 You mean... I don't have any idea...?
소순이 I have feelings for him right now!

📶 통 문장을 외워 보세요!

개
How was the restaurant's new menu?

소
상상도 못할걸!

개
레스토랑의 새로운 메뉴는 어땠어?

소
You have no idea!

말풍선을 채워 주세요!

소순이 상당히 맛있어!!!

소 어때?
소순이 상상도 못할 거야!

문장을 만들어 보세요!

have / no / You / idea

상상도 못할 거야.

짝꿍을 찾아 주세요!

You have • • feelings for someone

I have • • no idea

It's enough • • to make a cat speak

정답

말풍선을 채워 주세요! ❶ It's enough to make a cat speak!!! ❷ How's it? / You have no idea! 문장을 만들어 보세요! You have no idea. 짝꿍을 찾아 주세요! You have no idea. / I have feelings for someone. / It's enough to make a cat speak.

05 나 경청해
I'm all ears

해석 개 Cow, do you want me to tell you a top secret? 소 Yes! What is it?

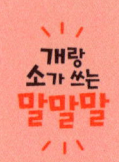
개랑 소가 쓰는 **말말말**

1. I am all ears. 경청하고 있다.
2. Walls have ears. 낮말은 새가 듣고 밤말은 쥐가 듣는다.
3. Take this secret to the grave. 죽을 때까지 비밀 지켜라.
4. Keep it to yourself. 비밀을 지켜라.
5. My lips are sealed. 나는 입이 무겁다.
6. I am a good secret keeper. 나는 비밀을 잘 지킨다.
7. confess one's love to someone ~에게 고백하다

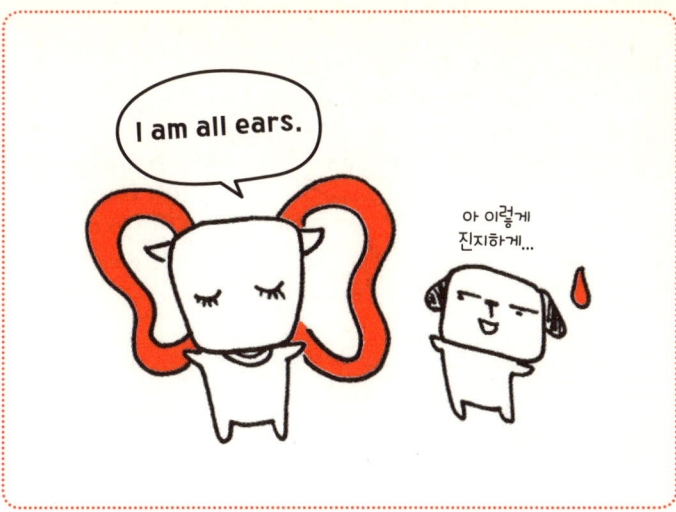

해석 소 나 경청하고 있어.   개 You are too serious...

해석 벽 낮말은 새가 듣고 밤말은 쥐가 듣는댔어!
개 그러니까 죽을 때까지 비밀을 지켜. 비밀이 나가지 않도록 해!
소 나 입 무거워. 나는 비밀을 잘 지켜.

해석 개 Cow... How did everyone know that I was going to confess my love to 개순이?
소 벽에도 귀가 있다잖아! 벽이 그랬나 보지!

통 문장을 외워 보세요!

개
Take this secret to the grave.

소
응, 난 비밀을 잘 지켜.

개
죽을 때까지 이 비밀을 지켜.

소
Yes, I am a good secret keeper.

말풍선을 채워 주세요!

소 나 경청하고 있어.

소 나 입 무거워.

문장을 만들어 보세요!

am / all / I / ears

나는 경청하고 있어.

짝꿍을 찾아 주세요!

Walls have •   • all ears

I am   •   • ears

My lips   •   • are sealed

정답

말풍선을 채워 주세요! ❶ I am all ears. ❷ My lips are sealed.   문장을 만들어 보세요! I am all ears.   짝꿍을 찾아 주세요! Walls have ears. / I am all ears. / My lips are sealed.

06 도전하자
Go for it

방학 이틀째

(생각) 꿈을 찾아가 볼까...

아니야! 현실이 더 중요해! 스펙을 쌓아야지!

해석 개 Should I chase my dream...?
No! I have to face the reality! I need to build up my qualifications!

개랑 소가 쓰는 말말말

1. **Better late than never.** 안 하는 것보다는 늦는 것이 낫다.
2. **Go for it!** 한번 도전해 봐!
3. **Give it a shot!** 한번 시도해 봐!
4. **idle** 게으른, 실직 상태인

해석 개 Cow, is it too late to find my dream?
소 안 하는 것보다 늦게라도 하는 게 낫지.

해석 개 좋아. 한번 해보는 거야! 한번 해보자!   소 What is your dream then?

해설 개 A rich idle! 소 How can you call it a dream...?

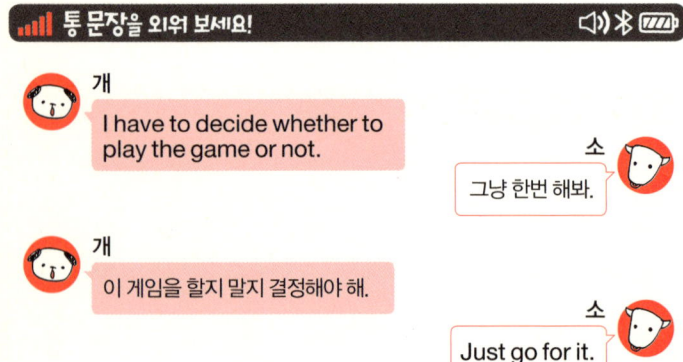

개 I have to decide whether to play the game or not.

소 그냥 한번 해봐.

개 이 게임을 할지 말지 결정해야 해.

소 Just go for it.

말풍선을 채워 주세요!

1

소 안 하는 것보다 늦게라도 하는 게 낫지.

2

개 좋아. 한번 해보는 거야!

문장을 만들어 보세요!

late / than / Better / never

안 하는 것보다는 늦는 것이 낫지.

짝꿍을 찾아 주세요!

Go · · than never

Give it · · for it

Better late · · a shot

정답

말풍선을 채워 주세요! ❶ Better late than never. ❷ O.K. Go for it!　문장을 만들어 보세요! Better late than never.　짝꿍을 찾아 주세요! Go for it. / Give it a shot. / Better late than never.

07 심사숙고해
Put on your thinking cap

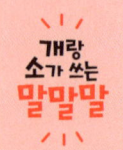

해석 소 What shall we have for lunch? 개 Jjamppong or Jajangmyeon?

개랑 소가 쓰는 말말말

1. put on one's thinking cap 심사숙고하다
2. need one's thinking cap 심사숙고할 필요가 있다
3. sign up for ~을 신청(가입)하다
4. wing it 대충하다, 즉흥적으로 하다

해석 소 심사숙고해야 해.   개 우리는 심사숙고할 필요가 있어.

해석 개 By the way, how should we sign up for classes tomorrow?

해석 **개/소** 대충해 그까짓 거!

통 문장을 외워 보세요!

개
How should we sign up for classes?

소
우리는 심사숙고할 필요가 있어.

개
수강 신청은 어떻게 해야 하지?

소
We'll need our thinking caps.

말풍선을 채워 주세요!

소 심사숙고해야 해.

개/소 대충해 그까짓 거!

문장을 만들어 보세요!

thinking / Put / your / on / cap

심사숙고해.

짝꿍을 찾아 주세요!

Just · · up for classes

Put on · · wing it

sign · · your thinking cap

정답

말풍선을 채워 주세요! ❶ Put on your thinking cap. ❷ Just wing it! 문장을 만들어 보세요! Put on your thinking cap. 짝꿍을 찾아 주세요! Just wing it. / Put on your thinking cap. / sign up for classes

08

기대돼
I'm looking forward to

> 대한 농장에 취직한 두더지 선배님이 만나 주신대! 역시 페메 보내길 잘했어!

말풍선(컴퓨터 화면): Let's meet up for lunch.

해석 두더지 점심 한번 같이 먹자.
소 The Mole senior who got a job on a Korean farm agreed to meet me! It was good that I messaged him on Facebook!

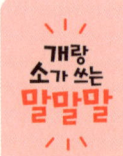
개랑 소가 쓰는 **말말말**

1. Let's meet up. 한번 만나자.
2. look forward to –ing ~을 고대하다
3. I can't wait. 기다릴 수 없다., 빨리 하고 싶다.
4. someone stood somebody up 바람맞히다

해석 소 어서 뵙고 싶다. 너무 기대돼!

해석 **두더지** 나무 아래에서 보자!

해석 소 나 바람 맞았어!
두더지 What is he doing there? Oh! Your meaning of "under the tree" is different than mine.

통 문장을 외워 보세요!

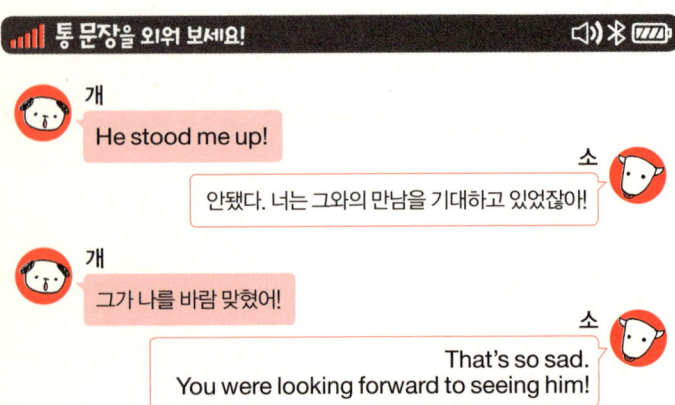

개
He stood me up!

소
안됐다. 너는 그와의 만남을 기대하고 있었잖아!

개
그가 나를 바람 맞혔어!

소
That's so sad.
You were looking forward to seeing him!

말풍선을 채워 주세요!

소 어서 뵙고 싶다.

두더지 나무 아래에서 보자!

문장을 만들어 보세요!

He / me / stood / up

나 그에게 바람맞았어.

짝꿍을 찾아 주세요!

I can't   •   • forward to seeing him

He stood   •   • me up

I'm looking   •   • wait

정답

말풍선을 채워 주세요! ❶ I am looking forward to seeing him. ❷ Let's meet up under the tree!
문장을 만들어 보세요! He stood me up **짝꿍을 찾아 주세요!** I can't wait. / He stood me up. / I'm looking forward to seeing him.

09 진짜 고마워
I appreciate it

해석 소 Dog, did you take notes from Professor Rhino's lecture?
개 I sure did! Take mine!

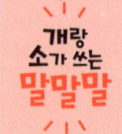

1. appreciate 고마워하다
2. I can't thank you enough. 어떻게 고맙단 말을 해야 할지.
3. What a pity! 이런 불쌍해라!
4. Poor thing! 이런 불쌍해라!

해석 소 고마워. 어떻게 고맙단 말을 해야 할지! It's amazing that I got help from the Dog…

해석 개 이런 불쌍해라! 불쌍해!

해석 **코뿔소 교수님** This exam will be delayed due to the infectious disease.
개 You sleep well... the exam is delayed.

통 문장을 외워 보세요!

개
This is for you.

소
어떻게 고맙단 말을 해야 할지.

개
이거 너를 위한 거야.

소
I can't thank you enough.

말풍선을 채워 주세요!

1

소 고마워.

2

개 이런 불쌍해라! 불쌍해!

문장을 만들어 보세요!

can't / enough / I / thank / you

고맙다는 말 가지고는 안 되겠어요.

짝꿍을 찾아 주세요!

Poor · · a pity

What · · thing

I appreciate · · it

정답

말풍선을 채워 주세요! ❶ I appreciate it. ❷ What a pity! Poor thing! 문장을 만들어 보세요! I can't thank you enough. 짝꿍을 찾아 주세요! Poor thing. / What a pity. / I appreciate it.

10

기분이 별로야?
Why the long face?

> Why the long face?

Long

해석 개 왜 우울해 보여?

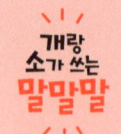
개랑 소가 쓰는 말말말

1. Why the long face? 왜 우울해 보여?
2. It froze. (시스템 고장으로 컴퓨터가) 고장 나다., 멈추다.
3. chilly 쌀쌀한, 추운
4. whining 투덜대는, 징징대는
5. not a big fan of 열혈 팬은 아닌

해석 소 컴퓨터가 멈췄어. 개 응. 밖에 쌀쌀해.

해석 소 It's time for 소스타 to come, but it froze.
개 그만 징징거려.

해석 소 I'd better go. 소스타's time is finished and it's time for 멍멍시대.
멍멍시대 별로 안 좋아해.
개 No, you can't leave! fix it!

통 문장을 외워 보세요!

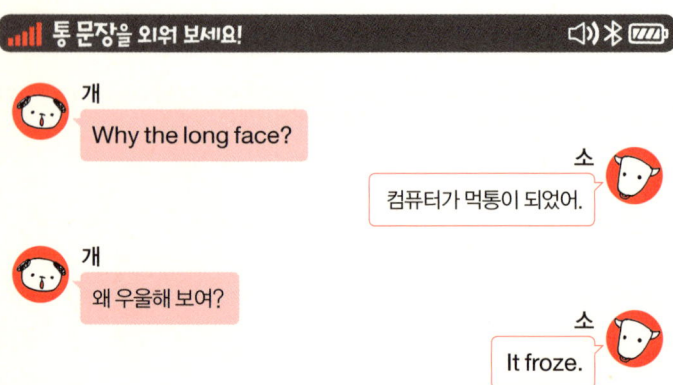

말풍선을 채워 주세요!

소 왜 우울해 보여?

소 컴퓨터가 멈췄어.

문장을 만들어 보세요!

the / Why / face / long?

왜 우울해 보여?

짝꿍을 찾아 주세요!

It's   •   • chilly

Why the •   • whining

Stop   •   • long face?

정답

말풍선을 채워 주세요! ❶ Why the long face? ❷ It froze. 문장을 만들어 보세요! Why the long face? 짝꿍을 찾아 주세요! It's chilly. / Why the long face? / Stop whining.

Chapter Review
이것만은 꼭! 한눈에 알고 가기

Let's bury the hatchet.

I am camera shy.

I feel heavy.

I am all ears.

Put on your thinking cap.

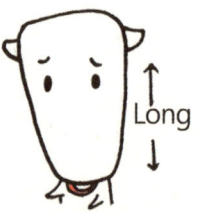

Why the long face?

직접 말해 보거나 써 보세요.

화해하자.

직접 말해 보거나 써 보세요.

사진 찍히는 걸 싫어해.

직접 말해 보거나 써 보세요.

몸이 찌뿌둥해.

직접 말해 보거나 써 보세요.

나는 경청해.

직접 말해 보거나 써 보세요.

심사숙고해.

직접 말해 보거나 써 보세요.

왜 우울해 보여?

01 **Let's make a toast** 건배하자
02 **Act your age** 나잇값 좀 해
03 **Anything to declare?** 공항에서
04 **Where can I wash up?** 화장실이 어디죠?
05 **That's typical around here** 여기서는 흔한 일이야
06 **The World Cup** 월드컵엔 이런 말
07 **Care to?** 놀러 올래?
08 **Let's meet up** 밥 한번 먹자
09 **I joined a gym** 헬스 등록했어
10 **Take up a hobby** 취미를 가져요

Chapter 3

놀고
play

01

건배하자
Let's make a toast

드디어 나도 자취라는 걸 하는구나! 소한테 자랑해야지!

해석 개 Finally I can live apart from my family!
I should boast to Cow!

개랑 소가 쓰는 말말말

1. boast 자랑하다
2. Come and get it. 와서 드세요.
3. Let's make a toast. 건배하자.
4. Bottoms up! 원샷!
5. Cheers! 건배!

해석 소 I wonder what kind of food he's going to cook for me!
Oh, this is his rented house...
개 와서 먹어!

해석 개 건배하자!

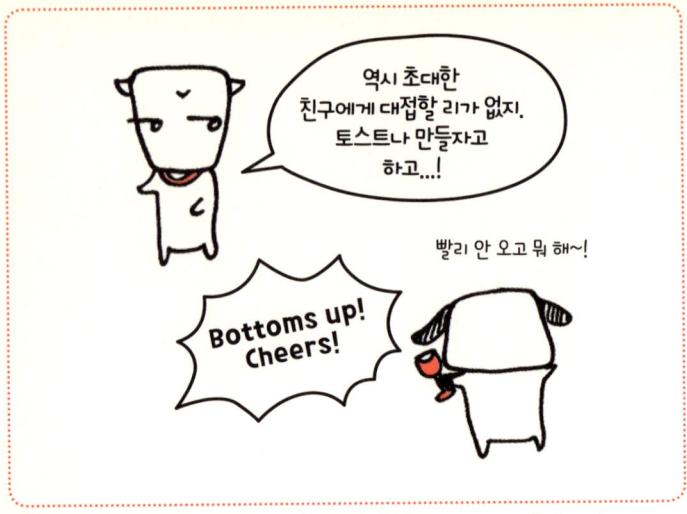

해석 소 He doesn't treat his guest as I expected. How can you say "let's make a toast"?
개 원샷! 건배하자! Come here ~!

통 문장을 외워 보세요!

개
Come and get it.

소
잘 먹을게.

개
와서 먹어.

소
Thank you for the treat.

말풍선을 채워 주세요!

개 와서 먹어!

소 건배하자!

문장을 만들어 보세요!

make / Let's / a / toast

건배하자.

짝꿍을 찾아 주세요!

Bottoms • • get it

Come and • • up

Let's make • • a toast

정답

말풍선을 채워 주세요! ❶ Come and get it! ❷ Let's make a toast! 문장을 만들어 보세요! Let's make a toast. 짝꿍을 찾아 주세요! Bottoms up. / Come and get it. / Let's make a toast.

02 나잇값좀해
Act your age

해석 개 This is the first time that I have used my driver's license!
소 Is it okay to ride in this car...?

개랑 소가 쓰는 말말말

1 Grow up. 철 좀 들어라.
2 Act your age. 나잇값 좀 해라.
3 That was close. 큰일 날 뻔했다.
4 Excuse you. 사과하지 않겠니?
5 You've got some nerve. 뻔뻔하구나.

해석 개 I really wanted to do this kind of thing that I saw in a movie once!
소 안 돼! 철 좀 들어! 나잇값 좀 해!

해석 개 아슬아슬했어!

해석 **호랑이** 사과하지 않겠니?
개 It's alright, as long as I have this magic marker!
소 너 참 뻔뻔하구나?

통 문장을 외워보세요!

개 Act your age!

소 너도 철 좀 들어야 하거든.

개 나잇값 좀 해!

소 You need to grow up too.

말풍선을 채워 주세요!

소 안 돼! 철 좀 들어! 나잇값 좀 해!

개 아슬아슬했어!

문장을 만들어 보세요!

your / Act / age

나잇값 좀 해.

짝꿍을 찾아 주세요!

Act your • • some nerve

You've got • • age

That was • • close

정답

말풍선을 채워 주세요! ❶ No! Grow up! Act your age! ❷ That was close! 문장을 만들어 보세요! Act your age. 짝꿍을 찾아 주세요! Act your age. / You've got some nerve. / That was close.

03 공항에서
Anything to declare?

해석 개 This trip was everything that I'd hoped for!

1. hope for ~를 기대하다
2. currency exchange 환전소
3. exchange won to dollar 원화를 달러로 교환하다
4. customs 세관
5. declare (세관에 과세 물품을) 신고하다

해석 개 Where is my passport...?   소 Where are you going alone?

해석 물소 원화를 달러로 교환하시겠어요?   개 그냥 쟤를 교환하고 싶어요.

해석 양 신고할 물건 있나요?   개 소를 신고하고 싶어요.

통 문장을 외워 보세요!

개
Would you like to exchange won to dollars?

소
아니요, 원화를 엔화로 교환하겠어요.

개
원화를 달러로 교환하시겠어요?

소
No, I'd like to exchange won to yen.

말풍선을 채워 주세요!

물소 원화를 달러로 교환하시겠어요?

양 신고할 물건 있나요?

문장을 만들어 보세요!

you / Do / anything / declare / have / to / ?

신고할 물건 있나요?

짝꿍을 찾아 주세요!

currency　　　　　　•　　　　• to dollar

exchange won　　•　　　　• anything to declare?

Do you have　　　•　　　　• exchange

정답

말풍선을 채워 주세요! ❶ Would you like to exchange won to dollars? ❷ Do you have anything to declare?　문장을 만들어 보세요! Do you have anything to declare?　짝꿍을 찾아 주세요! currency exchange / exchange won to dollar / Do you have anything to declare?

04 화장실이 어디죠?
Where can I wash up?

해석 개 Whoever he is, I have to go with him as I brought him here...

개랑 소가 쓰는 말말말

1. Nature calls. 화장실에 가고 싶다.
2. Whare can I wash up? 화장실이 어디예요?
3. fountain 분수
4. hit the spot (자신이 원하는) 딱 그것이다

해석 개 What's going on? 소 화장실 가고 싶어...

해석 소 화장실이 어디야?
개 If you desperately need to, then go to the fountain.
You can wash your hands...

해석 소 It hit the spot. I just followed what Dog said.
곰 이상한 사람들이야.
너구리 Don't we need to report to the police?

통 문장을 외워 보세요!

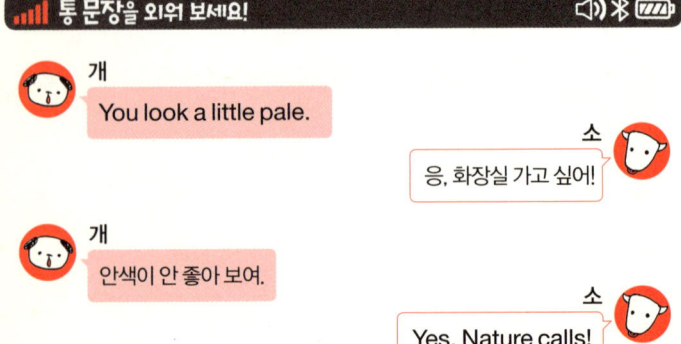

말풍선을 채워 주세요!

❶

소 화장실 가고 싶어...

❷

소 화장실이 어디야?

문장을 만들어 보세요!

can / I / Where / up / wash / ?

화장실이 어디죠?

짝꿍을 찾아 주세요!

Nature   •   • spot

Hit the   •   • wash up?

Where can I   •   • calls

정답

말풍선을 채워 주세요! ❶ Nature calls... ❷ Where can I wash up? 문장을 만들어 보세요! Where can I wash up? 짝꿍을 찾아 주세요! Nature calls. / Hit the spot. / Where can I wash up?

05 여기서는 흔한 일이야
That's typical around here

> 안녕하세요. 오늘 여기서 묵을 개랑 소예요.

> 어머~~! 반가워요~!

Guest house

꾸벅

해석 개 Hello. We are Dog and Cow and we are going to stay here today.
하마 Oh ~~! It is good to see you ~!

개랑 소가 쓰는 말말말

1 stay (손님으로) 묵다
2 glad/pleased to meet you 만나서 반갑다
3 typical 흔한, 전형적인
4 a form of greeting 인사 방식

해석 하마 반가워요! 만나서 반가워요! 정말 반가워요!

해석 하마 볼에 뽀뽀하는 거? 여기에서는 흔한 일이야. 인사의 형식이지.
소 Why do you like it so much?

해석 개 I have to greet many times...

통 문장을 외워 보세요!

개: Why do you give a kiss on my cheek?

소: 여기에서는 인사로 흔히 그렇게 해요.

개: 왜 제 볼에 뽀뽀하시죠?

소: It's typical around here as a greeting.

말풍선을 채워 주세요!

하마 반가워요! 만나서 반가워요!   하마 여기에서는 흔한 일이야. 인사의 형식이지.

문장을 만들어 보세요!

typical / It's / here / around

여기서는 흔한 일이에요.

짝꿍을 찾아 주세요!

It's typical   •   • stay here

I am going to •   • greeting

It's a form of •   • around here

정답

말풍선을 채워 주세요! ❶ Nice to see you! / I'm glad to meet you! ❷ It's typical around here. It is a form of greeting.   **문장을 만들어 보세요!** It's typical around here.   **짝꿍을 찾아 주세요!** It's typical around here. / I am going to stay here. / It's a form of greeting.

06 월드컵엔 이런 말
The World Cup

해설 개 월드컵 한국 팀을 응원하자!   소 내기할까?

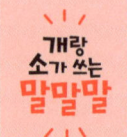

1. root for 응원하다
2. You want to bet? 내기할래?
3. neck and neck 막상막하로
4. go (격려·응원 구호) 파이팅
5. win three to one 3:1로 이기다

해석 개/소 와! 막상막하야!

해석 개 한국, 파이팅! 소 한국! 이겨라!

해석 개 우리 팀이 3:1로 이겼어!   소 너희 팀? When did it become your team?

통 문장을 외워 보세요!

개
I don't know which team to root for.

소
맞아, 막상막하야.

개
어느 팀을 응원해야 할지 모르겠어.

소
Yes, they are neck and neck.

말풍선을 채워 주세요!

개/소 막상막하야!

개 우리 팀이 3:1로 이겼어!

문장을 만들어 보세요!

Korea / won / three / to one

한국이 3:1로 이겼어요.

짝꿍을 찾아 주세요!

You want   •   • for Korea

I root   •   • and neck

They are neck •   • to bet?

정답

말풍선을 채워 주세요! ❶ They are neck and neck! ❷ My team won three to one!   문장을 만들어 보세요! Korea won three to one.   짝꿍을 찾아 주세요! You want to bet? / I root for Korea. / They are neck and neck.

07 놀러 올래?
Care to?

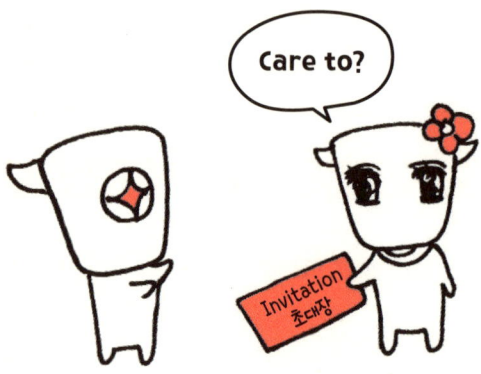

해석 소순이 어때?

1. Care to? (초대) 어때?
2. Care for ~ ~을 좀 할래?, ~좀 먹을래?
3. must ~임이 틀림없다
4. take care of someone ~를 돌봐 주다

해석 소순이 음료 한 잔 할래?   소 고... 고마워!

해석 소순이 한 잔 더 할래?
소 She must like me as she takes care of me a lot!

해석 소순이 리필할래...?   소 이번엔 내가 널 챙길 수 있게 해줘!

통 문장을 외워 보세요!

개: Would you care to join us?

소: 초대해 줘서 고마워!

개: 초대에 응해 주겠니?

소: Thank you for your invitation!

말풍선을 채워 주세요!

소순이 어때?

소순이 음료 한 잔 할래?

문장을 만들어 보세요!

some / Care / cake / for / ?

케이크 좀 먹을래요?

짝꿍을 찾아 주세요!

Care for   •   • a refill?

Care to   •   • like me

She must   •   • join us?

정답
말풍선을 채워 주세요! ❶ Care to? ❷ Care for a drink? 문장을 만들어 보세요! Care for some cake? 짝꿍을 찾아 주세요! Care for a refill? / Care to join us? / She must like me.

08 밥 한번 먹자
Let's meet up

해석 개 We take it upon ourselves to have a welcome party for the freshmen!
소 I think it's none of your business...

개랑 소가 쓰는 **말말말**

1. take it upon[on] oneself ~의 책임(의무)을 지다
2. None of your business. 네가 상관할 일이 아니다.
3. Are you in or out? 낄래 말래?
4. tone-deaf 음치의
5. have two left feet (춤을 추거나 운동하는 모습이) 아주 어색하다
6. Count me in. 나도 끼워 줘.

해석 개 너도 들어와! 소 I am not ready...

해석 소 나 음치, 몸치인데. 개/토끼/곰 너... 낄 거야, 말 거야?

해석 소 나도 끼워 줘!
개 He jumps strangely.
곰 Does he have two left feet...?

통 문장을 외워 보세요!

개
Aren't you tone-deaf?

소
아니야! 나도 끼워 줘!

개
너 음치 아니니?

소
No, I am not! Count me in!

말풍선을 채워 주세요!

소 나 음치, 몸치인데.

소 나도 끼워 줘!

문장을 만들어 보세요!

two / I / left / have / feet

나는 몸치야.

짝꿍을 찾아 주세요!

Count   ·   · deaf

tone   ·   · me in

Are you ·   · in?

정답

말풍선을 채워 주세요! ❶ I am tone-deaf and I have two left feet. ❷ Count me in! 문장을 만들어 보세요! I have two left feet. 짝꿍을 찾아 주세요! Count me in. / tone deaf / Are you in?

09 헬스 등록했어
I joined a gym

해석 소 요즘 운동했어? 몸매가 좋다!

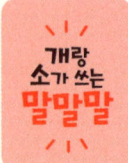

1. work out 운동하다
2. join a gym 헬스 등록하다
3. have a good figure 몸매가 좋다
4. well proportioned figure 8등신

해석 **개** 응, 나 헬스 등록했어. 여름이 다가오잖아.

해석 **소** He is trying so hard but...

해석 소 Shouldn't he reduce the size of his head first...?
개 Why can't I have a well-proportioned figure even though I am working out...?

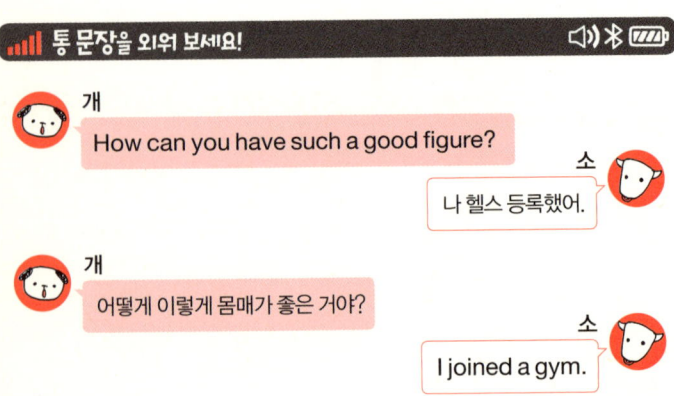

개 How can you have such a good figure?

소 나 헬스 등록했어.

개 어떻게 이렇게 몸매가 좋은 거야?

소 I joined a gym.

말풍선을 채워 주세요!

①

소 요즘 운동했어?

②

개 응, 나 헬스 등록했어.

문장을 만들어 보세요!

you / Have / working / been / out / ?

요즘 운동했어요?

짝꿍을 찾아 주세요!

I joined a   •   • a good figure

I have been   •   • working out

I have   •   • gym

정답
말풍선을 채워 주세요! ❶ Have you been working out? ❷ Yes, I joined a gym.   문장을 만들어 보세요! Have you been working out?   짝꿍을 찾아 주세요! I joined a gym. / I have been working out. / I have a good figure.

10 취미를 가져요
Take up a hobby

해석 개 This is the first vacation after I entered university... How should I spend it?

1 spend (시간을) 보내다
2 qualification 자격
3 couch potato 소파에 앉아 텔레비전만 보는 사람
4 take up something as a hobby ~을 취미로 가지다

해석 개 I want to play rather than preparing for qualifications. But what do I do for fun? 나는 TV만 보지. Being a couch potato is boring~

해석 소 취미를 가져 봐.

해석 개 Ok! I would take you up as a hobby!

통 문장을 외워 보세요!

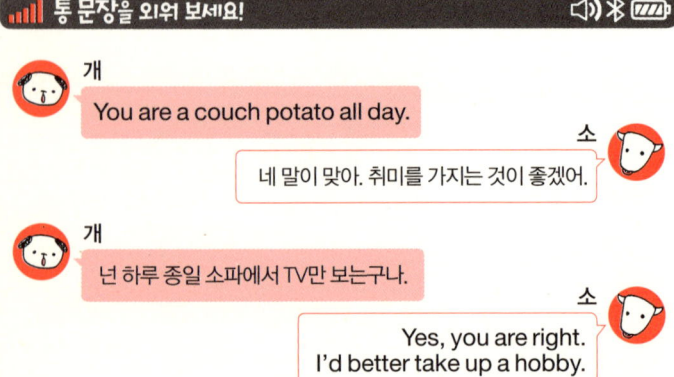

개: You are a couch potato all day.

소: 네 말이 맞아. 취미를 가지는 것이 좋겠어.

개: 넌 하루 종일 소파에서 TV만 보는구나.

소: Yes, you are right. I'd better take up a hobby.

말풍선을 채워 주세요!

소 취미를 가져 봐.

개 오호라~ 그래! 내 취미는... 너로 정했다!

문장을 만들어 보세요!

up / Take / hobby / a

취미를 가져 봐.

짝꿍을 찾아 주세요!

I am a · · a hobby

take up · · couch potato

take up painting · · as a hobby

정답
말풍선을 채워 주세요! ❶ Take up a hobby. ❷ Ok! I would take you up as a hobby! 문장을 만들어 보세요! Take up a hobby. 짝꿍을 찾아 주세요! I am a couch potato. / take up a hobby / take up painting as a hobby

Chapter Review
이것만은 꼭! 한눈에 알고 가기

Let's make a toast.

Act your age.

We won three to one!

Care for a drink?

Are you in?

I joined a gym.

chapter.3

직접 말해 보거나 써 보세요.

건배하자.

직접 말해 보거나 써 보세요.

나잇값 좀 해.

직접 말해 보거나 써 보세요.

우리가 3:1로 이겼어!

직접 말해 보거나 써 보세요.

음료 좀 드실래요?

직접 말해 보거나 써 보세요.

너도 낄래?

직접 말해 보거나 써 보세요.

헬스 등록했어.

01 **I second that** 나도 찬성해
02 **Exactly 6 o'clock** 칼퇴할게요
03 **Come up with** 회의실에서는
04 **You have a quick wit** 눈치가 빠르군
05 **Can you do me a favor?** 부탁 좀 들어줄래요?
06 **Don't beat yourself up** 자책하지 마
07 **You deserve it** 그럴 자격 있어
08 **He's a golden boy** 엄친아야
09 **Behave yourself** 유치원에서는
10 **I'm exhausted** 예술가들은

Chapter 4

일하고
work/school

01
나도 찬성해
I second that

속 출출하다. Let's grab a bite! How about Tteokbokki?

해석 소 I'm slightly hungry. 간단하게 뭐라도 먹자! 떡볶이는 어때?

개랑 소가 쓰는 말말말

1. slightly hungry 출출하다
2. grab a bite 간단히 먹다
3. I second that. 나도 찬성해.
4. Don't you see? (상황을) 잘 모르겠어?

해석 **토끼** Me! 곰 나도 찬성.

해석 **개** 내가 세 번째!

해석 개 Oh... I thought it's a kind of battle of wits game!
소 무슨 상황인지 모르겠어?
곰 'I second that'은 동의한다는 뜻이라고...

통 문장을 외워 보세요!

개
Let's grab a bite.

소
나도 찬성해.

개
뭐라도 간단히 먹자.

소
I second that.

말풍선을 채워 주세요!

곰 나도 찬성.

소 무슨 상황인지 모르겠어?

문장을 만들어 보세요!

second / I / that

나도 찬성해.

짝꿍을 찾아 주세요!

Don't you •　　　• see?

Let's grab •　　　• a bite

I second •　　　• that

정답
말풍선을 채워 주세요! ❶ I second that. ❷ Don't you see?　문장을 만들어 보세요! I second that.　짝꿍을 찾아 주세요! Don't you see? / Let's grab a bite. / I second that.

02 칼퇴할게요
Exactly 6 o'clock

처음으로 인턴이 된 개와 소

These are your seats.

어리   바리

해설 고양이 여기가 여러분들 자리예요.

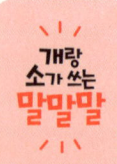

1. **on time** 시간을 어기지 않고, 정각에
2. **halfway** (거리·시간) 중간, 절반쯤
3. **be through** (일·어떤 것의 사용이나 관계를) 끝내다
4. **put pressure on** ~에 압박을 가하다
5. **sharp** (시간 뒤에 쓰여) 정각
6. **occupational hazard** 직업병, 직업 재해

해석 **고양이** 제시간에 끝낼 수 있겠어요? 오늘 중으로 끝내세요.
개/소 우리는 반 정도 했어요. She puts pressure on us.

해석 **개** Oh, it's 6 o'clock! 우리는 6시 칼퇴할게요. 안녕히 계세요.
고양이 뭐라고요~?

해석 개 | 시간을 지키는 것은 직업병이죠.
고양이 | I didn't know they were that punctual...

통 문장을 외워 보세요!

개: I'll be through in a few minutes.
소: 좋아! 6시 칼퇴할 수 있겠군!

개: 조금만 있으면 마칩니다.
소: Yes! we can get off at 6 o'clock sharp!

말풍선을 채워 주세요!

고양이 제시간에 끝낼 수 있겠어요?
오늘 중으로 끝내세요.
개/소 우리는 반 정도 했어요.

개 우리는 6시 칼퇴할게요.

문장을 만들어 보세요!

off / We / at / 6 o'clock / are / sharp

우리는 6시 칼퇴할게요.

짝꿍을 찾아 주세요!

I am •   • hazard

occupational •   • halfway through

get off •   • at 6 o'clock sharp

정답

말풍선을 채워 주세요! ❶ Will you be done on time? / Finish them by the end of the day. / We are halfway through. ❷ We are off at six o'clock sharp. 문장을 만들어 보세요! We are off at 6 o'clock sharp. 짝꿍을 찾아 주세요! I am halfway through. / occupational hazard / get off at six o'clock sharp

03 회의실에서는
Come up with

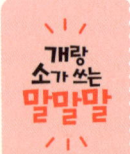

해석 불독 부장님 뭔가 생각해내란 말이다~!!!   소/개/토순이/곰 뭐라도 해야 하지 않을까?

개랑 소가 쓰는 말말말

1. come up with something (해답·돈 등을) 찾아내다
2. Shouldn't we do something? 뭐 해야 하지 않을까?
3. coming down with something 몸이 안 좋다
4. drag 느릿느릿 지나가다/진행되다
5. something going on (남녀 사이에) 뭔가 있는 것 같다

해석 **토순이** 나 몸이 안 좋아. The meeting really dragged...

해석 걔 둘 사이에 뭔가 있어...!
곰 General manager, we have to stop this meeting! She collapsed!
불독 부장님 What are they doing?

해석 개/소 아부는 어디서나 통하지.
개 Let's just flatter him...!
소 Have some sweet coffee~
불독 부장님 아부해 봐야 소용없다.

통 문장을 외워 보세요!

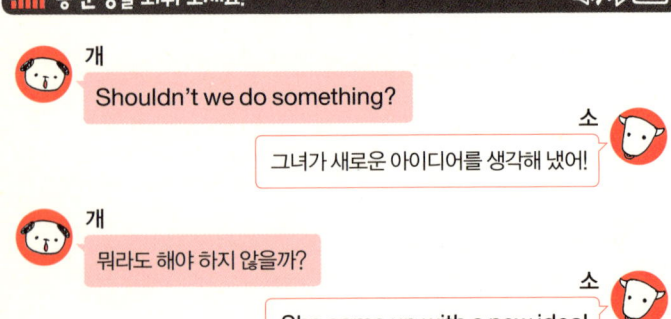

개
Shouldn't we do something?

소
그녀가 새로운 아이디어를 생각해 냈어!

개
뭐라도 해야 하지 않을까?

소
She came up with a new idea!

말풍선을 채워 주세요!

불독 부장님 뭔가 생각해내란 말이다~!!!
소/개/토순이/곰 뭐라도 해야 하지 않을까?

토순이 나 몸이 안 좋아.

문장을 만들어 보세요!

something / I / am / down / with / coming

나 몸이 안 좋아.

짝꿍을 찾아 주세요!

coming down with •   • going on

come up   •   • with something

There's something •   • something

정답

말풍선을 채워 주세요! ❶ Come up with something~!!! / Shouldn't we do something?
❷ I'm coming down with something. 문장을 만들어 보세요! I am coming down with something 짝꿍을 찾아 주세요! coming down with something / come up with something / There's something going on.

04
눈치가 빠르군
You have a quick wit

해석 불독 부장님 Nothing beats sweet things after lunch…!
소/개 This is the opportunity for points!

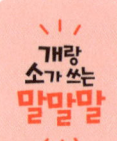

1. nothing beats something ~만 한 것이 없다
2. have a quick wit 눈치가 빠르다
3. could use something ~ 생각이 간절하다

해석 소 여기 있습니다!
개 I missed the chance...!
불독 부장님 자네는 눈치가 빠르군.

해석 불독 부장님 한잔 생각이 간절하군.

해석 개 Here is a drink for you! And I am getting off now!
소 You mean some beer? Let's meet on the first floor!

통 문장을 외워 보세요!

개: I could use a drink.

소: 맥주와 치킨만 한 것이 없지!

개: 한잔 생각이 간절해.

소: Nothing beats beer and chicken!

말풍선을 채워 주세요!

1

2

불독 부장님 자네는 눈치가 빠르군.

불독 부장님 한잔 생각이 간절하군.

문장을 만들어 보세요!

quick / wit / have / You / a

눈치가 빠르군요.

짝꿍을 찾아 주세요!

Nothing beats • • beer and chicken

I have a • • drink

I could use a • • quick wit

정답

말풍선을 채워 주세요! ❶ You have a quick wit. ❷ I could use a drink.   문장을 만들어 보세요! You have a quick wit.   짝꿍을 찾아 주세요! Nothing beats beer and chicken. / I have a quick wit. / I could use a drink.

05
부탁 좀 들어줄래요?
Can you do me a favor?

（만화 컷）

I got a cramp!

수업 시간에 자더니만...

해석 개 쥐났어! 소 You've slept in class...

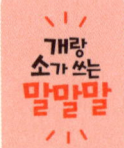

1. get a cramp 쥐가 나다
2. Can you do me a favor? 부탁 하나만 들어줄래요?
3. Go ahead. (부탁을 들어주며) 말해 봐.
4. kill pain 아픔을 가라앉히다

해석 개 부탁 좀 들어줄래?   소 그래.

해석 개 Please bring me a cat to kill pain!   소 O.K. Wait a minute...

해석 **고양이 교수님** Who needs me!?   **소** He did.

통 문장을 외워 보세요!

개
Can I take your painkiller to kill my pain?

소
응, 그렇게 해.

개
아픈 것 좀 진정시키게 네 진통제 먹어도 될까?

소
Go ahead.

말풍선을 채워 주세요!

❶ 개 쥐났어!

❷ 개 부탁 좀 들어줄래?

문장을 만들어 보세요!

you / do / Can / me / a / favor?

부탁 좀 들어줄래요?

짝꿍을 찾아 주세요!

kill • • a cramp

go • • ahead

I got • • pain

정답

말풍선을 채워 주세요! ❶ I got a cramp! ❷ Can you do me a favor? 문장을 만들어 보세요!
Can you do me a favor? 짝꿍을 찾아 주세요! kill pain / Go ahead. / I got cramps.

06 자책하지 마
Don't beat yourself up

해석 개 The orchid is dead which the general manager asked me to take care of it during his business trip.
소 You're done for. Give up your salary.

1. orchid 난초
2. take care of / look after ~을 돌보다
3. business trip 출장
4. be done for (사정이) 몹시 나쁘다
5. beat oneself up ~을 자책하다

해석 소 자책하지 마. 개 I was crazy...

해석 불독 부장님 You've taken care of the orchid very well! It looks really good!

해석 불독 부장님 Can't you smell green onion? Is a green onion pancake our lunch?
개 Oh! No! I was caught!
소 자책하지 마.

통 문장을 외워 보세요!

개
He is sick. I should have taken care of him.

소
너무 자책하지 마.

개
그가 아파. 그를 잘 돌봤어야 하는 건데.

소
Don't beat yourself up.

말풍선을 채워 주세요!

① 소 자책하지 마.

② 소 자책하지 마!

문장을 만들어 보세요!

beat / yourself / Don't / up

너무 자책하지 마.

짝꿍을 찾아 주세요!

I'm   •   • done for

take care of •   • beat yourself up

Don't   •   • the orchid

정답
말풍선을 채워 주세요! ❶ Don't beat yourself up. ❷ Don't beat yourself up! 문장을 만들어 보세요! Don't beat yourself up. 짝꿍을 찾아 주세요! I'm done for. / take care of the orchid / Don't beat yourself up.

07 그럴 자격 있어
You deserve it

해석 고양이 두구두구 해주세요.
The person who is going to be picked as a regular employee is ~ Cow!

1. drum roll 드럼 소리, 두구두구
2. regular employee 정규직
3. deserve (긍정) 자격이 있다, (부정) 자업자득이다
4. praise somebody (~를) 칭찬하다
5. I'm flattered. 과찬이십니다.
6. feel drowsy 졸리다

해석 **고양이** 그럴 자격이 있어요!
개 She praises him...
소 과찬이십니다.

해석 개 저는 어때요~? 고양이 자네는...?

해석 고양이 자네는 승진 못해도 싸지!
개 점심 먹으면 졸려...
I am sleepy because it's Monday... I am drowsy without reason...

통 문장을 외워 보세요!

개
You deserve to be praised.

소
과찬이십니다.

개
칭찬 받아 마땅하시군요.

소
I'm flattered.

말풍선을 채워 주세요!

고양이 그럴 자격이 있어!

고양이 자네는 승진 못 해도 싸지!

문장을 만들어 보세요!

deserve / You / it

그럴 자격이 있다.

짝꿍을 찾아 주세요!

Drum roll •   • deserve it

I'm •   • flattered

You •   • please

정답

말풍선을 채워 주세요! ❶ You deserve it! ❷ You deserve it! 문장을 만들어 보세요! You deserve it. 짝꿍을 찾아 주세요! Drum roll, please. / I'm flattered. / You deserve it.

08 엄친아야
He's a golden boy

개. 강. 이. 다!

해석 개/소/사자/토끼/곰 School begins!

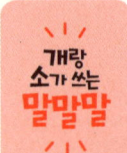

개랑 소가 쓰는 **말말말**

1. golden boy 엄친아
2. Chill out! 침착해!
3. Calm down! 진정해!
4. Take it easy! 진정해!
5. Easy does it! 진정해!

해석 개 Who is he? 토끼 쟤 엄친아래!

해석 개 He looks just like a bear! You cannot beat me...!
소 진정해! X4

해석 소 He is a bear not a dog... Please don't do it like this...
개 Ah...
곰 I just folded my ears...

통 문장을 외워 보세요!

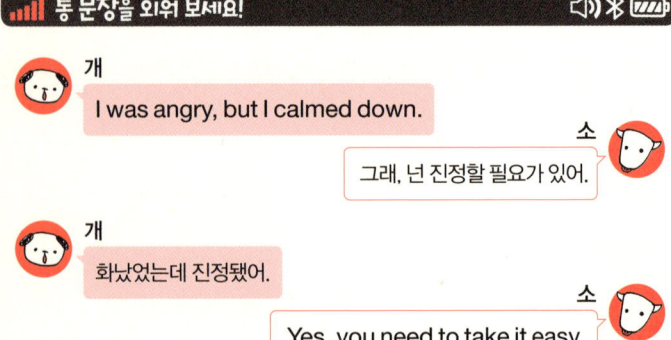

개
I was angry, but I calmed down.

소
그래, 넌 진정할 필요가 있어.

개
화났었는데 진정됐어.

소
Yes, you need to take it easy.

말풍선을 채워 주세요!

토끼 쟤 엄친아래!

소 진정해! X4

문장을 만들어 보세요!

it / Take / easy

진정해

짝꿍을 찾아 주세요!

Take · · a golden boy

Easy · · does it

He is · · it easy

정답
말풍선을 채워 주세요! ❶ He is a golden boy! ❷ Chill out! Calm down! Take it easy! Easy does it! **문장을 만들어 보세요!** Take it easy. **짝꿍을 찾아 주세요!** Take it easy. / Easy does it. / He's a golden boy.

09 유치원에서는
Behave yourself

사실 개와 소는 같은 유치원 출신이라는 것.

여러분 안녕하세요!

해석 Dog and Cow actually went to the same kindergarten.
소 선생님 Hello everyone!

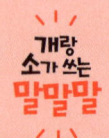
개랑 소가 쓰는 **말말말**

1. pick one's nose 코를 후비다
2. time's up 시간이 다 되었다
3. clean up 치우다
4. Get real! 좀 진지하게 해!
5. Give me a piggy-back ride. 업어 주세요.
6. Behave yourself. 얌전하게 구세요., 행동을 잘 하세요.

해석 The reason that Cow and Dog became best friends is...
※ This story has been reconstituted on the most used words in kindergarten.

해석 소 선생님 코 파지 마!　　　　　　개/소 Why, I feel good...!
소 선생님 시간 다 됐어! 치워야지! 좀 진지하게 해!!!

해석: They became best friends as they are so childish for their age both then and now...
소 업어주세요!   소 선생님 얌전하게 좀 있어!

통 문장을 외워 보세요!

개
Don't pick your nose, ear, and teeth!

소
얌전하게 굴고 싶지 않아!

개
코랑 귀랑 이 좀 파지 마!

소
I don't want to behave myself!

말풍선을 채워 주세요!

❶

소 선생님 코 파지 마!

❷

소 업어 주세요!
소 선생님 얌전하게 좀 있어!

문장을 만들어 보세요!

pick / Don't / nose / your

코 후벼파지 마.

짝꿍을 찾아 주세요!

Give me   •   • real

Behave   •   • yourself

Get   •   • a piggy-back ride

정답

말풍선을 채워 주세요! ❶ Don't pick your nose! ❷ Give me a piggy-back ride. / Behave yourself! 문장을 만들어 보세요! Don't pick your nose. 짝꿍을 찾아 주세요! Give me a piggy-back ride. / Behave yourself. / Get real.

10. 예술가들은 I'm exhausted

흔히들 예술가들은 천재인 줄 알지만...

기자: 작가님! 이번 작품은 어떻게 탄생한 건가요?
개: 아예... 그냥 붓 한번 그었죠.

찰칵 / 찰칵

해석 People often think that artists are natural-born geniuses...
기자 How did you create this work of art?
개 Well... It was just by one stroke of a brush.

개랑 소가 쓰는 말말말

1. natural-born 타고난
2. catch some Z's 쿨쿨 자다
3. exhausted 지친
4. dead tired 몹시 피곤한
5. totally beat 녹초가 된
6. have no choice but to 별 도리가 없다

그러나
사실은...

해석 But in fact...

해석 **개** 눈 좀 붙여야겠어. 색을 못 고르겠어! 지쳤어! 완전 피곤해! 매우 지쳤어! 이건 내가 원했던 게 아니야!!!

해석 눈물 눈물 작품이 나올 수밖에 없겠구먼.
개 I'm not smiling…

통 문장을 외워 보세요!

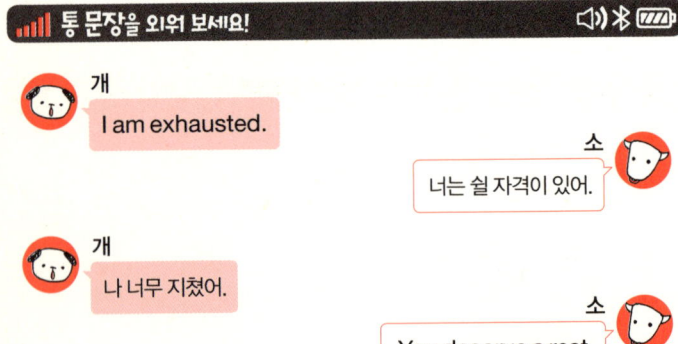

말풍선을 채워 주세요!

개 눈 좀 붙여야겠어. 색을 못 고르겠어! 지쳤어! 완전 피곤해! 매우 지쳤어!

눈물 눈물 작품이 나올 수밖에 없겠구먼.

문장을 만들어 보세요!

beat / I / totally / am

난 녹초가 됐어.

짝꿍을 찾아 주세요!

I'd better •   • beat

I am   •   • exhausted

I'm totally •   • catch some Z's

정답

말풍선을 채워 주세요! ❶ I'd better catch some Z's. I cannot choose a color! / I'm exhausted! I'm dead tired! / I'm totally beat! ❷ There is no choice but to draw 'tears'. 문장을 만들어 보세요! I am totally beat. 짝꿍을 찾아 주세요! I'd better catch some Z's. / I am exhausted. / I'm totally beat.

Chapter **Review**
이것만은 꼭! 한눈에 알고 가기

I am off at 6 o'clock sharp.

You deserve it.

Don't beat yourself up!

He's a golden boy.

Don't pick your nose.

I'm exhausted!

직접 말해 보거나 써 보세요.

6시 칼퇴할게요.

직접 말해 보거나 써 보세요.

넌 그럴 자격이 있어.

직접 말해 보거나 써 보세요.

자책하지 마!

직접 말해 보거나 써 보세요.

그는 엄친아야.

직접 말해 보거나 써 보세요.

코 파지 마.

직접 말해 보거나 써 보세요.

완전 지쳤어!

01 **what a coincidence** 우연의 일치
02 **I'm on cloud nine** 너무 기분 좋아
03 **Will you go out with me?** 나랑 사귀어 줄래?
04 **Name it** 말만 해
05 **Don't play dumb** 시치미 떼지 마
06 **I broke up with** 헤어졌어
07 **We hit it off** 우린 참 잘 맞아
08 **Tell her I said hi ~** 안부 전해 줘
09 **What friends are for** 친구 좋다는 게 뭐야
10 **It runs in the family** 가족 내력이에요

01
우연의 일치
What a coincidence

해석 개 열 번 찍어 안 넘어가는 나무 없지!

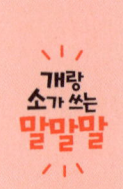

1 Little strokes fell great oaks.
열 번 찍어 안 넘어가는 나무 없다.
2 approach 접근하다
3 What a coincidence! 우연의 일치군요!
4 May I have a moment of your time? 시간 되세요?
5 pretend ~인 체하다
6 study thoroughly 철저하게 연구하다

해석 개 I need to check her whole schedule and then let me approach her as if by coincidence.

해석 개 이런 우연의 일치개! You came here for lunch? 개순이 Ah, hello.
개 We meet again! Are you going to the club room?

해석 개 A repeated coincidence means destiny! F.I.N.A.L.L.Y!
개순이 May I have a moment of your time?

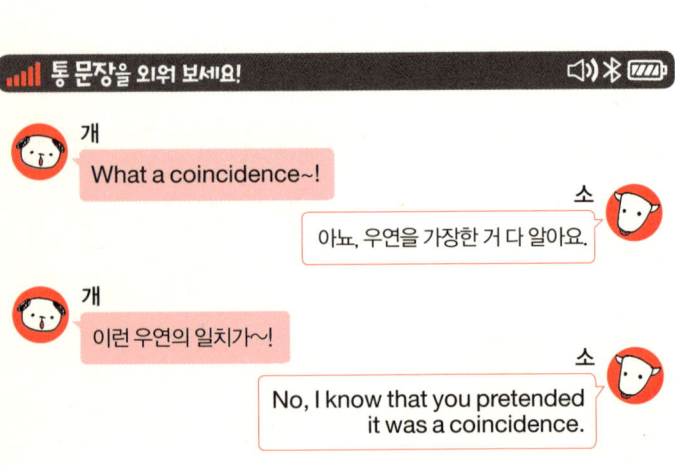

말풍선을 채워 주세요!

개 열 번 찍어 안 넘어가는 나무 없지!

개 이런 우연의 일치가!

문장을 만들어 보세요!

a / What / coincidence / !
이런 우연의 일치가!

짝꿍을 찾아 주세요!

What	•	• thoroughly
May I have a	•	• a coincidence
study	•	• moment of your time?

정답
말풍선을 채워 주세요! ❶ Little strokes fell great oaks! ❷ What a coincidence! 문장을 만들어 보세요! What a coincidence! 짝꿍을 찾아 주세요! What a coincidence. / May I have a moment of your time? / study thoroughly

02
너무 기분좋아
I'm on cloud nine

해석 개순이 Why do you treat me well, why?
개 A dreamy dinner with her!

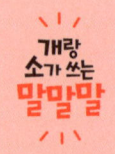

1. **on cloud nine** 너무나 행복한
2. **walking on air**
   (너무 좋아서) 하늘을 날 것만 같다, 구름 위를 걷는 것 같다
3. **bad manners** 나쁜 태도
4. **play hard to get** 비싸게 굴다
5. **high maintenance** 세심한 관리가 필요한

해석 **개** 너무 기분 좋아! 구름 위를 걷는 것 같아! **개순이** Listen to me please…?!

해석 **개순이** 무례해! 난 갈 거야! 내 말을 듣지 않다니!

해석 개 튕기지 마. 까다롭군.
개순이 You are the first man that treated me like this! But... it attracts me!

통 문장을 외워 보세요!

개
I finally passed the test! I am on cloud nine!

소
해냈구나!

개
나 결국 시험 합격했어! 진짜 행복해!

소
You made it!

말풍선을 채워 주세요!

걔 너무 기분 좋아! 구름 위를 걷는 것 같아!

걔 튕기지 마. 까다롭군.

문장을 만들어 보세요!

am / cloud / I / on / nine

나는 기분이 너무 좋다.

짝꿍을 찾아 주세요!

I am   •   • maintenance

Don't Play   •   • hard to get

She's high   •   • walking on air

정답

말풍선을 채워 주세요! ❶ I'm on cloud nine! I'm walking on air! ❷ Don't play hard to get. / You're high maintenance. **문장을 만들어 보세요!** I am on cloud nine. **짝꿍을 찾아 주세요!** I am walking on air. / Don't play hard to get. / She's high maintenance.

03 나랑 사귀어 줄래?
Will you go out with me?

해석 개 Let me take advantage of Halloween to confess my love!
개순이 What are those clothes?

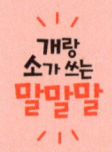

1. **take advantage of something/somebody** ~을 이용하다, ~을 기회로 활용하다
2. **confess love** 사랑을 고백하다
3. **trick or treat** 과자를 안 주면 장난칠 거예요
4. **I am afraid.** 유감스럽지만.
5. **Will you go out with me?** 나랑 사귈래?

해석 개 '과자를 주지 않으면 장난칠 거예요' 놀이 하러 같이 나갈래?
개순이 Well... I am afraid I can't.

해석 개 나랑 사귀어 주지 않으면 장난칠 거야! 개순이 You mean... going out?

해석 개순이 아브라카다브라! 나에게서 떨어지지 않으면 장난칠 테다!
개 Fail...

통 문장을 외워 보세요!

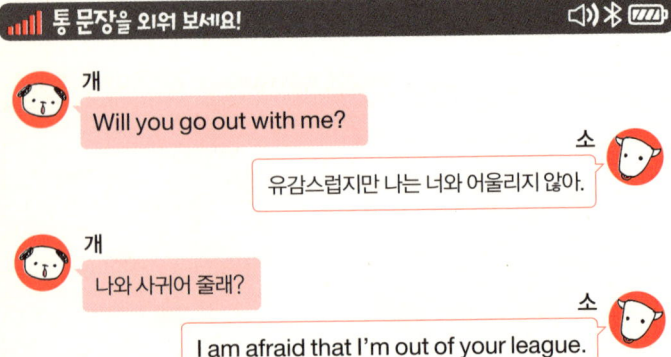

개: Will you go out with me?
소: 유감스럽지만 나는 너와 어울리지 않아.
개: 나와 사귀어 줄래?
소: I am afraid that I'm out of your league.

말풍선을 채워 주세요!

개 개순아! '과자를 주지 않으면 장난칠 거예요' 놀이 하러 나갈래?

개 나랑 사귀어 주지 않으면 장난칠 거야!

문장을 만들어 보세요!

out / Will / with / you / go / me / ?

나랑 사귈래요?

짝꿍을 찾아 주세요!

trick •   • my love

Will you •   • or treat

confess •   • go out with me?

정답

말풍선을 채워 주세요! ❶ Ms. Dog! Will you go trick or treating with me? ❷ Will you trick me or will you go out with me? 문장을 만들어 보세요! Will you go out with me? 짝꿍을 찾아 주세요! trick or treat / Will you go out with me? / confess my love

04 말만해
Name it

우여곡절 끝에 결국 사귀기로 한 개와 개순이.

해석 They finally got together.
개 I will be your Santa today!
개순이 Really?

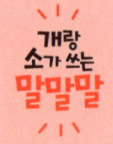

1. **Name it.** 뭐든 말만 해.
2. **be a steal** 공짜나 마찬가지다, 횡재다, 거저다
3. **good eye** 안목이 있는
4. **Buy one, get one free.** 하나 사면 다른 하나가 공짜다.

해석 개 뭐든 말만 해!   개순이 Wow!

해석 개순이 난 이게 좋아!
개 Five zeros... I can afford it! 저거 가져가는 건데!

해석 다람쥐 안목이 있으시네요!   개 How many zeros...

통 문장을 외워 보세요!

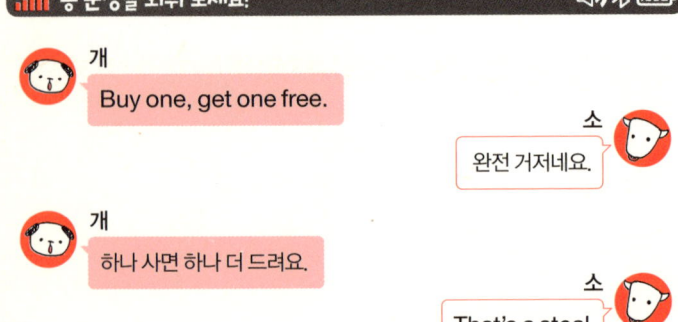

개
Buy one, get one free.

소
완전 거저네요.

개
하나 사면 하나 더 드려요.

소
That's a steal.

말풍선을 채워 주세요!

❶ 개 뭐든 말만 해!

❷ 개 거저 가져가는 건데!

문장을 만들어 보세요!

a / That's / steal

완전 거저네요.

짝꿍을 찾아 주세요!

Good • • it

Name • • eye

Buy one, • • get one free

정답
말풍선을 채워 주세요! ❶ Name it! ❷ That's a steal! 문장을 만들어 보세요! That's a steal. 짝꿍을 찾아 주세요! Good eye. / Name it. / Buy one, get one free.

05

시치미 떼지 마
Don't play dumb

(TV screen: 개님은 개순이 님과 연애 중입니다.)
오잉?

해석 Dog is in a relationship with 개순이.

1. **be in a relationship with** ~와 사귀다
2. **play dumb** 시치미를 떼다
3. **Talk is cheap.** 말은 쉽다.
4. **That's low.** 치사하다.
5. **Money talks.** 돈이 좌우한다.
6. **I knew it.** 그럴 줄 알았다.

해설 소 어떻게 사귀게 된 거야? 비결이 뭐야? 시치미 떼지 마! 진짜야...? (시계 방향)

해설 개 난 최선을 다했을 뿐이야.   소 말은 쉽지! 치사해!

해석 개 사실은... 돈이면 다 되더라!!!   소 I knew it...

통 문장을 외워 보세요!

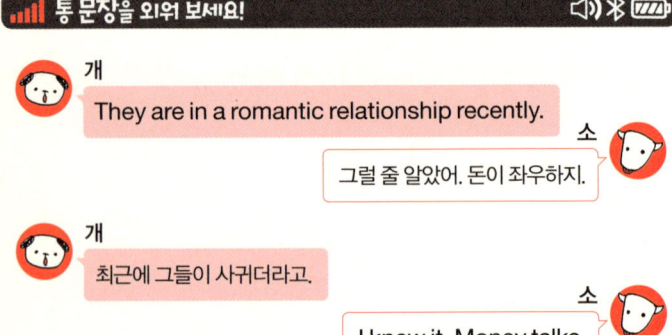

개: They are in a romantic relationship recently.

소: 그럴 줄 알았어. 돈이 좌우하지.

개: 최근에 그들이 사귀더라고.

소: I knew it. Money talks.

말풍선을 채워 주세요!

소 말은 쉽지! 치사해!

개 사실은... 돈이면 다 되더라!!!

문장을 만들어 보세요!

is / Talk / cheap

말은 쉽지.

짝꿍을 찾아 주세요!

That's •   • cheap

Money •   • talks

Talk is •   • low

정답
말풍선을 채워 주세요! ❶ Talk is cheap! / That's low! ❷ Actually... Money talks! 문장을 만들어 보세요! Talk is cheap. 짝꿍을 찾아 주세요! That's low. / Money talks. / Talk is cheap.

06
헤어졌어
I broke up with

(speech) 개야~ 여기서 뭐 해~?

하아

해석 소 Dog~ What are you doing here~?

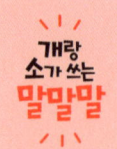

1. break up with ~와 결별하다
2. I thought so. 그럴 것 같았다.
3. There are plenty of fish in the sea.
   세상에 남자[여자]는 많다.
4. take something out on 화를 풀다

해석 개 개순이랑 헤어졌어.   소 그럴 거 같더라.

해석 소 봐! 세상에 여자는 많아!

해석 개 This is the river! Not the sea!!!   소 Don't take it out on me...

통 문장을 외워 보세요!

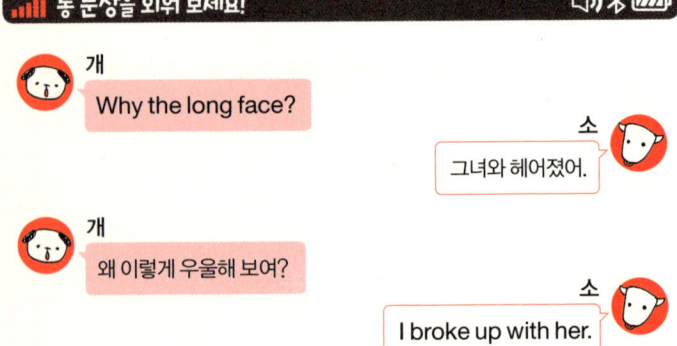

말풍선을 채워 주세요!

개 개순이랑 헤어졌어.

소 봐! 세상에 여자는 많아!

문장을 만들어 보세요!

There / sea / fish in the / are / plenty of

세상에 남자[여자]는 많아.

짝꿍을 찾아 주세요!

break up   •   • it out on me

There are   •   • with her

Don't take   •   • plenty of fish in the sea

정답
말풍선을 채워 주세요! ❶ I broke up with Ms. Dog. ❷ Look! There are plenty of fish in the sea! 문장을 만들어 보세요! There are plenty of fish in the sea. 짝꿍을 찾아 주세요! break up with her / There are plenty of fish in the sea. / Don't take it out on me.

07 우린 참 잘 맞아
We hit it off

해석 토끼 How do you eat Tteokbokki with deep-fried food?
개/소 부먹!

1. pour 붓다
2. dip 찍다
3. hit it off 죽이 잘 맞다
4. have good chemistry 마음이 잘 맞다
5. Internet cafe 피시방
6. after meal 식후

해석 **토끼** What about Sweet and sour pork?
개/소 찍먹!

해석 개/소 우린 죽이 참 잘 맞아! 마음이 잘 통해!

해석 토끼 친한 거 맞아...?
개 Do you want to go to the singing room after our meal?
소 No. What about the Internet cafe?
개 I don't like it.

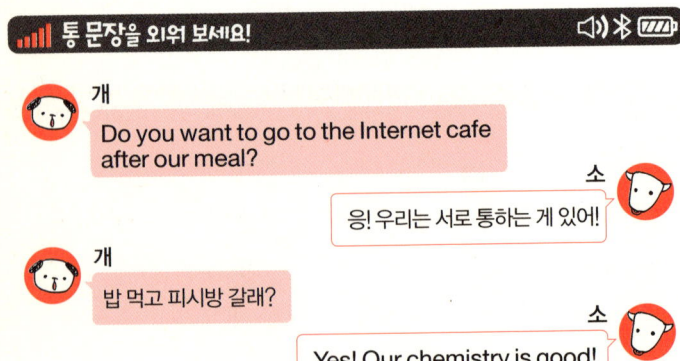

개
Do you want to go to the Internet cafe after our meal?

소
응! 우리는 서로 통하는 게 있어!

개
밥 먹고 피시방 갈래?

소
Yes! Our chemistry is good!

말풍선을 채워 주세요!

① 개/소 부먹!

② 개/소 우린 죽이 참 잘 맞아! 마음이 잘 통해!

문장을 만들어 보세요!

hit / We / off / it

우리는 죽이 잘 맞아.

짝꿍을 찾아 주세요!

Internet • • cafe

We hit • • good chemistry

We have • • it off

정답

말풍선을 채워 주세요! ❶ Pour it! / Pour it! ❷ We hit it off! We have good chemistry! 문장을 만들어 보세요! We hit it off. 짝꿍을 찾아 주세요! Internet cafe / We hit it off. / We have good chemistry.

08 안부 전해 줘
Tell her I said hi ~

> There is no place like the library to take a nap...

음냐

슥

해석 개 낮잠 자기에 도서관만 한 곳이 없지...

1. There is no place like ~만 한 장소가 없다
2. What brings you here? 여기는 어쩐 일이야?
3. Tell someone I said hi. ~에게 안부 전해 줘.

해석 개 Isn't she 돼순이? 여기는 어쩐 일이야? Did you follow me?
돼순이 I came here to study too!

해석 **돼순이** Oh, It's 개순이. 개 Who?

해석 개 개순이한테 안부 전해 줘~   **돼순이** I will never do that!

통 문장을 외워 보세요!

개
What brings you here?

소
그녀를 보러. 네 안부 전해 줄게.

개
여기는 어쩐 일이야?

소
I came to see her. I will tell her you said hi.

말풍선을 채워 주세요!

개 여기는 어쩐 일이야?

개 개순이한테 안부 전해 줘~

문장을 만들어 보세요!

brings / What / here / you / ?

여기는 어쩐 일이야?

짝꿍을 찾아 주세요!

There is no •   • I said hi

What brings •   • place like library

Tell someone •   • you here?

정답
말풍선을 채워 주세요! ❶ What brings you here? ❷ Tell her I said hi~ 문장을 만들어 보세요! What brings you here? 짝꿍을 찾아 주세요! There is no place like library. / What brings you here? / Tell someone I said hi.

09 친구 좋다는 게 뭐야
What friends are for

해석) 개 한 모금만!   소 Okay...

개랑 소가 쓰는 말말말

1. Can I have a sip? 한 입만 마셔 봐도 돼요?
2. Can I have a bite? 한 입만 먹어 봐도 돼요?
3. What friends are for. 친구 좋다는 게 뭐야.
4. I could eat a horse. 정말 배고프다.
5. fair weather friend 좋은 때만 친구

해석 개 한입만!   소 This... too?

해석 개 친구 좋다는 게 뭐야~   소 나 지금 진짜 배고픈데. 어떡하지?

해석 소 그래! 친구 좋다는 게 뭐야.
As you are my friend, please understand me that I am so hungry!
개 흥 필요할 땐 없는 친구구만!

통 문장을 외워 보세요!

개
Can I have a bite?

소
필요할 때만 친구하지 마!

개
한 입만 먹어 봐도 돼?

소
Don't be a fair weather friend!

말풍선을 채워 주세요!

개 한 모금만!

개 한 입만!

문장을 만들어 보세요!

I / Can / have / sip / a / ?

한 입만 마셔도 돼?

짝꿍을 찾아 주세요!

Can I have a   •   • a horse

What friends •   • are for

I could eat   •   • bite?

정답
말풍선을 채워 주세요! ❶ Can I have a sip? ❷ Can I have a bite? 문장을 만들어 보세요! Can I have a sip? 짝꿍을 찾아 주세요! Can I have a bite? / What friends are for! / I could eat a horse.

10. 가족 내력이에요
It runs in the family

해석 개 엄마 Honey, happy birthday ~! 개 아빠 고마워요!
개 아버지 생일 축하드려요!

개랑 소가 쓰는 **말말말**

1. How old do I look? 내가 몇 살로 보이나요?
2. around 약~, ~쯤
3. I am pushing fifty. 내일 모레면 쉰이에요.
4. look young for one's age 또래에 비해 동안이다
5. young at heart 마음은 청춘이다
6. Age is just a number. 나이는 숫자에 불과하다.
7. act one's age 나이에 걸맞게 행동하다
8. It runs in the family. 집안 내력이다.

해석 개 아빠 나 몇 살로 보이니? 소 음... 아마 40대 초반쯤이요?

해석 개 아빠 하하하! 내일 모레면 50대 후반이야! 소 동안이시네요!

해석 개 엄마 마음은 청춘이야!
개 Me too!

개 아빠 나이는 숫자에 불과하지!
소 모두가 철이 없어... 가족 내력인가 봐...

통 문장을 외워 보세요!

개
I am young at heart. Age is just a number.

소
그렇지만 너는 나이에 비해 늙어 보여.

개
마음은 청춘이야. 나이는 숫자에 불과하다고.

소
But you look old for your age.

말풍선을 채워 주세요!

개 아빠 하하하! 내일 모레면 50대 후반이야!
소 동안이시네요!

소 모두가 철이 없어... 가족 내력인가 봐...

문장을 만들어 보세요!

look / for / You / young / age / your

나이보다 어려 보이시네요.

짝꿍을 찾아 주세요!

I am young · · just a number

Age is · · in the family

It runs · · at heart

정답

말풍선을 채워 주세요! ❶ Ha Ha Ha! I am pushing late fifty! / You look young for your age! ❷ They don't act their age... It runs in the family...   문장을 만들어 보세요! You look young for your age.   짝꿍을 찾아 주세요! I am young at heart. / Age is just a number. / It runs in the family.

Chapter Review
이것만은 꼭! 한눈에 알고 가기

I am on cloud nine!

Will you go out with me?

Name it.

We hit it off!

I broke up with her.

It runs in the family.

직접 말해 보거나 써 보세요.

기분이 너무 좋아!

직접 말해 보거나 써 보세요.

나랑 사귀어 줄래요?

직접 말해 보거나 써 보세요.

뭐든 말만 해.

직접 말해 보거나 써 보세요.

우린 참 잘 맞아!

직접 말해 보거나 써 보세요.

그녀와 헤어졌어요.

직접 말해 보거나 써 보세요.

가족 내력이에요.

개나 소나 다 하는 영어 표현 모음

	한글	영문	~쪽
1	~에게 내 사랑을 고백하다	confess my love to ~	78
2	~와 소개팅 좀 해줄래?	Would you please fix me up with ~?	32
3	~와 헤어졌어	I broke up with ~	213
4	~의 열혈팬은 아니야	I'm not a big fan of ~	98
5	~한테 안부 전해 줘	Tell ~ I said hi.	222
6	3:1로 이기다	win three to one	126
7	가족 내력인가 봐.	It runs in the family.	230
8	간단하게 뭐라도 먹자!	Let's grab a bite!	148
9	거저 가져가는 건데!	That's a steal!	205
10	건배하자!	Let's make a toast!	105
11	건배하자!	Cheers!	106
12	경청하고 있어.	I am all ears.	77
13	고마워.	I appreciate it.	93
14	과거를 들추지 마!	Don't bring up the past!	70
15	과자를 주지 않으면 장난칠 거예요.	Trick or treat.	201
16	과찬이십니다.	I'm flattered.	173
17	구름 위를 걷는 것 같아!	I'm walking on air!	197
18	그 말 취소해!	Take that back!	69
19	그는 오지랖이 넓어.	He is nosy.	61
20	그래.	Go ahead.	165
21	그럴 거 같더라.	I thought so.	213
22	그럴 자격이 있어요!	You deserve it!	173
23	그만 좀 놀려!	Stop making fun of me!	49
24	그만 징징거려.	Stop whining.	97
25	급호감이 되었어!	I have feelings for him right now!	74
26	기운 내!	Keep your chin up!	30
27	깁스 했어.	I am wearing a cast.	37
28	까다롭군.	You're high maintenance.	198
29	너 낄 거야, 말 거야?	Are you in or out?	133
30	나 몇 살로 보이니?	How old do I look?	229

	한글	영문	~쪽
31	나 입 무거워.	My lips are sealed.	77
32	나 좀 살살 다뤄 줄래!	Go easy on me!	69
33	나 지금 매우 어색하고 불편해.	I feel like a fish out of water.	29
34	나 헬스 등록했어.	I joined a gym.	137
35	나는 비밀을 잘 지켜!	I am a good secret keeper!	77
36	나도 끼워 줘!	Count me in!	134
37	나도 찬성.	I second that.	149
38	나랑 사귈래?	Will you go out with me?	201
39	나잇값 좀 해!	Act your age!	109
40	나이는 숫자에 불과하지!	Age is just a number!	230
41	낮말은 새가 듣고 밤말은 쥐가 듣지!	Walls have ears!	77
42	내 코가 석 자야.	I have bigger fish to fry.	32
43	내가 살게.	It's on me.	45
44	내가 쏜다!	I'll pick up the tab!	46
45	내가 원하던 거야.	It hit the spot.	118
46	내기 할래?	Do you want to bet?	17
47	내일 모레면 50대 후반이야!	I am pushing late fifty!	229
48	너 참 뻔뻔하구나?	You've got some nerve.	110
49	너는 우유부단해.	You are whisy washy.	61
50	너무 기대돼!	I can't wait!	89
51	너무 기분 좋아!	I'm on cloud nine!	197
52	너무 창피해!	I'm embarrassed!	65
53	너와 상관없을 것 같은데.	I think it's none of your business.	132
54	네가 넘볼 여자가 아니야.	She's out of your league.	33
55	노란색으로 염색했어.	I dyed my hair yellow.	48
56	눈 좀 붙여야겠어.	I'd better catch some Z's.	185
57	눈병에 걸렸어.	I have an eye problem.	37
58	단추 잠그고!	Button up!	29
59	대충해 그까짓 거!	Just wing it!	86
60	더 이상은 못 참겠어!	I can't stand it any longer!	22
61	돈이 한 푼도 없어.	I'm flat broke.	44
62	돈이면 다 되더라!	Money talks!	210

	한글	영문	~쪽
63	동안이시네요!	You look young for your age!	229
64	두구두구 해주세요.	Drum roll, please.	172
65	둘 사이에 뭔가 있어!	There's something going on!	157
66	로마는 하루아침에 이루어진 것이 아니야!	Rome wasn't built in a day!	34
67	리필할래?	Care for a refill?	130
68	마음은 청춘이야!	I am young at heart!	230
69	마음이 아프다.	I feel sorry for you.	65
70	마음이 잘 통해!	We have good chemistry!	217
71	막상막하야!	They are neck and neck!	125
72	만나서 반가워요!	I'm glad to meet you!	121
73	말도 안 되는 소리 한다.	You're talking nonsense.	17
74	말은 쉽지!	Talk is cheap!	209
75	망했네.	You're done for.	168
76	매우 지쳤어!	I'm totally beat!	185
77	머리 자르고 파마했어.	I got a haircut and a perm.	48
78	머리했어.	I did my hair.	48
79	몸매가 좋아.	I have a good figure.	136
80	몸이 안 좋아.	I'm coming down with something.	157
81	몸이 찌뿌둥해.	I feel heavy.	65
82	몸치야.	I have two left feet.	133
83	무단횡단하지 마.	Don't jaywalk.	41
84	무례해!	You have bad manners!	197
85	무슨 상황인지 모르겠어?	Don't you see?	150
86	뭐든 말만 해!	Name it!	205
87	뭐라도 해야 하지 않을까?	Shouldn't we do something?	156
88	뭔가 생각해내란 말이다!	Come up with something!	156
89	뭔가 찜찜한 기분이 들어.	It doesn't feel right.	66
90	밑져야 본전이다.	It doesn't hurt to try.	33
91	바람 맞았어!	He stood me up!	90
92	밖에 쌀쌀해.	It's chilly outside.	97
93	반가워요!	Nice to see you!	121
94	방 청소 좀 해!	Clean up your room!	24

#	한글	영문	~쪽
95	배터리가 얼마 없어.	My battery is low.	21
96	별 도리가 없다	There is no choice but to	186
97	부탁 좀 들어줄래?	Can you do me a favor?	165
98	불쌍해!	Poor thing!	93
99	비밀이 나가지 않도록 해!	Keep it to yourself!	77
100	사과 받아 줄게.	Apology accepted.	69
101	사과하지 않겠니?	Excuse you!	110
102	사과할게.	My apologies.	69
103	사돈 남 말 하는군!	Look who's talking!	49
104	사진 찍히는 걸 안 좋아해.	I am camera shy.	61
105	살 여유가 없어!	I can't afford it!	44
106	상당히 맛있어!	It's enough to make a cat speak!	73
107	상상도 못할 거야!	You have no idea!	73
108	새해 목표가 뭐야?	What's your New Year's resolution?	16
109	세상에 남자[여자]는 많아!	There are plenty of fish in the sea!	213
110	셀카에 속지 마세요.	Don't let the selfie fool you.	54
111	소파에 앉아서 TV만 봐.	I am a couch potato.	141
112	수두에 걸렸어.	I have chicken pox.	37
113	술고래처럼 마시다	drink like a fish	46
114	시간 다 됐어!	Time's up!	181
115	시작이 반이야.	Well begun is half done.	33
116	시치미 떼지 마!	Don't play dumb!	209
117	식중독에 걸렸어.	I got food poisoning.	37
118	신고할 물건 있나요?	Do you have anything to declare?	114
119	신발 끈 묶고!	Tie my shoes!	29
120	심사숙고할 필요가 있어.	We'll need our thinking caps.	85
121	심사숙고해야 해.	Put on your thinking cap.	85
122	아부는 어디서나 통하지.	Flattery will get us anywhere.	158
123	아부해 봐야 소용없다.	Flattery will get you nowhere.	158
124	아슬아슬했어!	That was close!	109
125	안 들리는 척해야지.	I may pretend not to hear.	25
126	안 하는 것보다 늦게라도 하는 게 낫다.	Better late than never.	81

#	한글	영문	~쪽
127	안됐다.	I feel bad for you.	65
128	안목이 있으시네요!	Good eye!	206
129	얌전하게 좀 있어!	Behave yourself!	182
130	어때?	Care to?	128
131	어떻게 고맙단 말을 해야 할지!	I can't thank you enough!	93
132	어서 뵙고 싶다.	I'm looking forward to seeing him.	89
133	어지러워.	I feel dizzy.	65
134	업어 주세요!	Give me a piggy-back ride!	182
135	여기는 어쩐 일이야?	What brings you here?	221
136	여기에 세워 줘.	Pull over here.	41
137	여기에서는 흔한 일이야.	It's typical around here.	121
138	연결 상태가 안 좋아.	The connection is bad.	21
139	열 번 찍어 안 넘어가는 나무 없지!	Little strokes fall great oaks!	192
140	오늘 중으로 끝내세요.	Finish them by the end of the day.	153
141	와서 먹어!	Come and get it!	105
142	완전 피곤해!	I'm dead tired!	185
143	왜 괜히 화풀이야.	Don't take it out on me.	214
144	왜 우울해 보여?	Why the long face?	96
145	요즘 운동했어?	Have you been working out?	136
146	우리 어디서 본 것 같지 않니?	Have we met before?	64
147	우리는 6시 칼퇴할게요.	We are off at 6 o'clock sharp.	153
148	우리는 반 정도 했어요.	We are halfway through.	153
149	우린 죽이 참 잘 맞아!	We hit it off!	217
150	울고 싶다.	I feel like crying.	49
151	원샷	Bottoms up!	106
152	원화를 달러로 교환하시겠어요?	Would you like to exchange won to dollars?	113
153	원화를 엔화로 교환하겠어요.	I'd like to exchange won to yen.	114
154	유감스럽지만 ~	I am afraid ~	201
155	음료 한 잔 할래?	Care for a drink?	129
156	음치야.	I am tone-deaf.	133
157	이 은혜는 평생 잊지 못할 거야.	I shall never forget your kindness as long as I live.	45

	한글	영문	~쪽
158	이건 도토리 키 재기야.	This is comparing apples and oranges.	50
159	이런 불쌍해라!	What a pity!	93
160	이런 우연의 일치가!	What a coincidence!	193
161	이상한 사람들이야.	They are strangers.	118
162	자네는 눈치가 빠르군.	You have a quick wit.	161
163	자책하지 마.	Don't beat yourself up.	169
164	잠깐 끊지 말고 기다려 줄래?	Can you hold on?	21
165	잠깐 시간 되세요?	May I have a moment of your time?	194
166	쟤 엄친아네!	He's a golden boy!	177
167	점심 한번 같이 먹자.	Let's meet up for lunch.	88
168	정말 반가워요!	I'm very pleased to meet you!	121
169	제시간에 끝낼 수 있겠어요?	Will you be done on time?	153
170	좋을 때만 친구	fair weather friend	226
171	죽을 때 까지 비밀을 지켜.	Take this secret to the grave.	77
172	쥐구멍에도 볕 들 날이 있어!	Every dog has his day!	33
173	쥐났어!	I got a cramp!	164
174	지나간 일은 지나간 거야.	Let bygones be bygones.	70
175	지쳤어!	I'm exhausted!	185
176	지퍼 올리고!	Zip up!	29
177	직업병이에요.	It's an occupational hazard.	154
178	진정해!	Chill out!	177
179	진정해!	Cool down!	177
180	진정해!	Take it easy!	177
181	진정해!	Easy does it!	177
182	진지하게 해!	Get real!	181
183	진짜 배고파.	I could eat a horse.	225
184	집만 한 곳이 없다.	There's no place like home.	20
185	짚신도 짝이 있어.	Every Jack has his Jill.	33
186	철 좀 들어!	Grow up!	109
187	취미를 가져봐.	Take up a hobby.	141
188	치사해!	That's low!	209
189	친구 좋다는 게 뭐야.	What friends are for.	225

	한글	영문	~쪽
190	침착할 필요가 있어.	I need to pull myself together.	17
191	컨디션이 안 좋아.	I am under the weather.	37
192	컴퓨터가 멈췄어.	It froze.	97
193	코 파지 마!	Don't pick your nose!	181
194	쾌유를 빌어.	Get well soon.	38
195	타!	Hop on!	40
196	타이밍 좋다!	Nice timing!	40
197	태워 줄 수 있어?	Can you give me a ride?	40
198	튕기지 마.	Don't play hard to get.	198
199	페이스북 사용 안 해.	I'm not on Facebook.	54
200	페이스북 친구로 추가해 줘.	Add me on Facebook.	53
201	페이스북 해?	Do you use Facebook?	52
202	하나 사면 하나 더 드려요.	Buy one, get one free.	206
203	한 모금만!	Can I have a sip?	224
204	한 입만!	Can I have a bite?	225
205	한국! 이겨라!	Korea! Let's go!	125
206	한국, 파이팅!	Go, Korea!	125
207	한국을 응원하자!	Let's root for Korea!	124
208	한번 해보는 거야!	Go for it!	81
209	한번 해보자!	Give it a shot!	81
210	한잔 더 할래?	Care for another?	129
211	한잔 생각이 간절하군.	I could use a drink.	161
212	화장실 가고 싶어.	Nature calls.	117
213	화장실이 어디야?	Whare can I wash up?	117
214	화해하자.	Let's bury the hatchet.	69
215	힘내!	Keet it up!	30
216	가족 내력인가 봐.	It runs in the family.	230